# プロフェッショナルマネジャーの仕事はたった1つ

髙木晴夫 Haruo Takagi
慶應義塾大学名誉教授

かんき出版

※本書は、二〇一三年に刊行した『プロフェッショナルマネジャーの仕事はたった1つ』を再編集したものです。

# はじめに

「なぜ、一握りのマネジャーはいとも簡単に部下やチームを動かし、与えられた目標を達成できるのですか？」
「なぜ、周囲の状況を的確に判断し、正しい選択を行って、チームとして成果を出し続けるマネジャーがいるのですか？」
「どうしたら、優れたマネジャーになれますか？」

私はビジネススクールで、**人が人の集団を動かすための知識である「組織マネジメント」**を教えていますが、このような質問を学生や企業のビジネスパーソンなどから受けることがよくあります。

そうした質問をする人たちの中には、「自分はマネジャーに向いていないのでは」「自分にはマネジメントの才能がないのでは」と思い悩んでいる人が多くいます。

彼らの多くは、優れたマネジャーはたぐいまれなる人間的魅力を持っている、あるいは圧倒的な実務の専門能力を有していると思っているふしがあります。

**しかし、それは行き過ぎた考え**です。たしかにそうした能力も大いに役立ちますが、優れたマネジャーになるための必須要素ではありません。

**優れたマネジャーは、「マネジメントに最も大切なたった1つのこと」を実践している**のです。ところが、世の中にマネジャーと呼ばれる人は山ほどいますが、その多くが、1つの「最も大切なこと」を実践できていないのです。

ここでちょっと視点を変えて、マネジメントされる部下の立場に立って考えてみてください。部下たちは多かれ少なかれ、次のような疑問や悩みを抱えています。

「自分にこの仕事が任された理由がわからない」
「自分の仕事は会社にとって本当に意味があるのか」
「自分の本来の力を発揮させてもらえない」

つまり、**会社における自分の仕事と存在の価値に対して、答えを求めている**のです。
マネジャーの本質的な仕事とは、そうした部下たちの疑問や悩みを解決する「適切な情報を配る」ことなのです。部下たちはこのことがわかると確実にやる気になり、惜しみなく力を発揮してくれます。

その結果として、日常の部下とのコミュニケーションはスムーズになり、上司の期待に沿った行動と成果が得られるようになります。なぜなら、**「適切な情報を配る」という**

**ことが、企業という組織が円滑に活動していくための根本原理にかなうものだから**です。私はこの知識を、「**『配る』マネジメント**」と名づけました。

企業で働くたくさんの人たちが抱える問題とは、「人と組織を動かす基礎知識」をきちんと学ぶ機会を持たないまま社会に出て、ビジネスに参加していることです。

読者のみなさんはこの本を読んで「配る」マネジメントを知ることで、人と組織を動かす基礎知識を理解し、これを熱心に実践することで、部下やチームのメンバーを本気にさせ、望ましい行動と成果を得ることができます。

「配る」マネジメントはどのような業種、部門、年齢層（若手もベテランも）にとっても有効です。また、**企業組織がフラット化していく中で、多くの部下を抱えながら自らもプレーヤーとして働いているプレイングマネジャーにも大いに役立ちます。**

みなさんが、部下に持てる力を存分に発揮してもらい、自らの目標を達成し、より大きな仕事のマネジメントを任されるようになるために、この本を役立てていただけるなら幸いです。

髙木晴夫

プロフェッショナルマネジャーの仕事はたった1つ　目次

## 第2講 個人とチームを動機付ける方法

## 第3講 マネジャーは「情報」を獲りに行く



## 第4講 経営専門能力とキャリアを向上させる

## 第5講 マネジャーが知っておくべき人事部の存在と中身

第6講 マネジャーは職場の危機にどう対応するか



第7講 優れたマネジャーは変革とイノベーションを目指す

装丁・本文デザイン　三森健太（JUNGLE）
図版　小林祐司
DTP　野中　賢（システムタンク）

イントロダクション

# マネジャーに最も大切なこととは

# 1 優れたマネジャーになれる方法と道筋がある

みなさんに最初に伝えておきたいことがあります。今の時代、「**マネジメントという仕事は、自己流だけではうまくいかない**」ということです。

会社の仕事には、経験だけから学べるものも多くあるでしょう。

しかし、**マネジメントに関しては、「経験から学ぶ」というやり方だけでは通用しません**。マネジメントについての体系的な知識を学ぶ必要があります。

マネジメント初心者がそれでも、ぶっつけ本番で何とかやれそうな気になってしまうのは、おそらく毎日、上司の姿を見てきたからでしょう。元の上司をモデルにして、「やるべきことはわかっているし、あれくらいなら自分にも務まるかな――」というふうになんとなく理解したつもりになるのです。

あるいは、「自分が上司になったら絶対、あんなふうにはしない！」と反面教師にして

## 経験のみの学びは主観がメインになってしまう

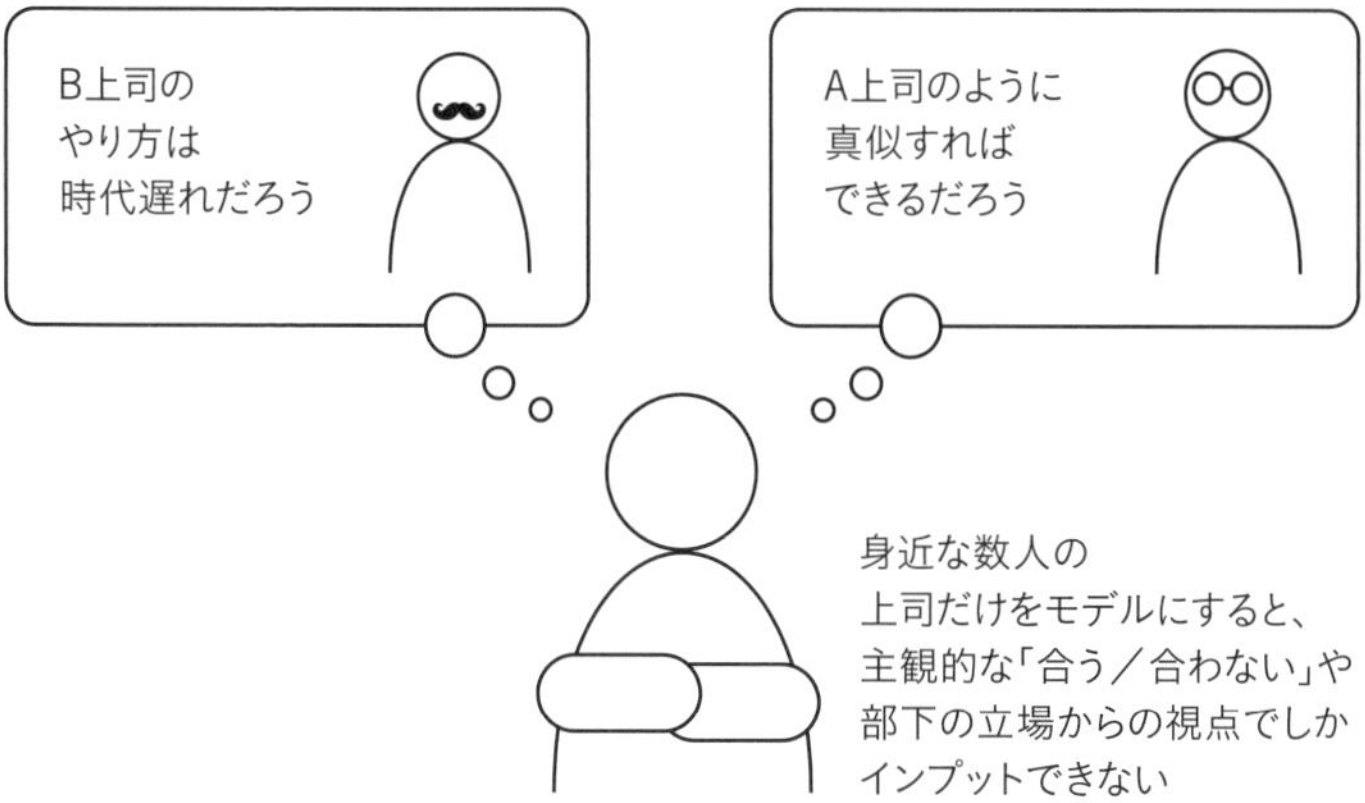
B上司の
やり方は
時代遅れだろう
A上司のように
真似すれば
できるだろう
身近な数人の
上司だけをモデルにすると、
主観的な「合う／合わない」や
部下の立場からの視点でしか
インプットできない

いるかもしれません。

しかし、**1人や2人の上司の姿だけを見て、「マネジメント」を理解することができない**のは言うまでもありません。あなたが大企業に勤めていても、モデルにできる上司はわずか数人程度でしょう。その程度でマネジメントを理解できるかと言ったら、答えはＮＯです。

それに部下の立場で見ているだけでは、**上司のマネジメントスタイルに個人の性格や気質が多分に反映されてしまう**ため、「あのスタイルは好きだ・嫌いだ」とか「あのスタイルは自分に合う・合わない」といった個人的な感覚という狭い範囲で考えてしまいます。

しかし、本当のマネジメントとは、個人

のスタイルや好みなどに依存する感覚的なものではありません。

**どんな組織や部署、部下に対しても通用する「根本的な知識」が、マネジメントの世界には存在しているのです。そして、その知識を学んで実践すれば、どんな人でも「優れたマネジャー」になることができる**のです。

また、マネジメントという仕事は、とてもスケールの大きな仕事です。大変と言えば大変ですが、人が生涯をかけて追求するだけの価値のあるものだと思います。

**「優れたマネジャーになるための方法と道筋について知り、真のマネジャーになるための知識を、まだ若いうちから知っておいてもらいたい」**というのが、私がこの本を書くことにした大きな理由です。


マネジメントには「根本的な知識」があると言いました。その知識を学ぶために、この本では、マネジャーになったばかりの人でも学べ、実践に移せるような内容であることを主眼に置いて書いています。

この本ではマネジメントについて、

**①マネジメントという仕事の基本は何か**

**②マネジメントのどこに難しさのポイントがあるのか**
**③効果を上げるためにどのようなスキルが大事なのか**

という3つの観点から、知識を集約してまとめています。

①～③は、マネジメントの仕事に必要な「道具」とも言うべき知識です。この本で基礎的な「道具」を手に入れたら、すぐにみなさんの日々のマネジメントの現場で実際に活用してみてください。

「道具」は、使って初めて自分になじんできます。また、どんな「道具」でも、使う自分なりの工夫があってこそ生きてきます。この本で学んだことに、みなさんなりの工夫を盛り込むことで、優れたマネジメントスキルが手に入るでしょう。**この本のテーマである「配る」マネジメントとは、磨けばどんどん光っていく「道具」**なのです。

**POINT**

**あらゆる組織、部署、部下に通用する「マネジメントの知識」が存在する**

# 2 コミュニケーションとは、人を動かす力のこと

はじめのうちに、大事なことを伝えておきます。それはマネジメントにおける**「コミュニケーション」の位置付けについて**です。

コミュニケーションについては、よくこんなふうに言われます。

**「マネジメントで一番大事なのはコミュニケーションだ」**
**「一番大変なのもコミュニケーションだ」**
**「だからコミュニケーションは難しい」**

といったことです。まったくそのとおりだと思います。

コミュニケーションは、人と人とがつながりを持って生きていくうえで、非常に重要なものです。マネジメントにおいても、この要素を欠くことはできません。

もしあなたが、「自分はコミュニケーション能力が低い」と自認している人なら、会社で上位職を獲得していくために、仕事としてそれを身につけ、磨かなければなりません。反対に、「自分はコミュニケーション能力が高い」と自認している人はどうでしょうか。組織で活躍していくには、かなり有利だと言えるでしょう。

ただし、**マネジメントという仕事は、個人と個人だけでなく、人と集団、集団と集団のつながりを調整していかなくてはなりません。**

だから、個人レベルのコミュニケーション能力が高いというだけだと、マネジメントにおいては通用しないということです。

では、マネジメントにおける「コミュニケーション」とは何でしょうか？

コミュニケーションという英語は一般に、意思疎通とか対話などと訳されますが、コミュニケーションの動詞形「**コミュニケート**」**には、**「**感染する**」**という意味があります。**たとえば風邪が感染するという場合、ウイルスを人に「配る」から感染しますね。コミュニケートは、そうした意味合いを含んでいるのです。

そこから対話とか意思疎通という今の言葉の意味に変わってきたわけですが、もともとコミュニケーションとは、言葉を交わすだけでなく、「何かを相手に渡す、配る」とい

## 「配る」とコミュニケーションの関係性

### Communicate＝感染する

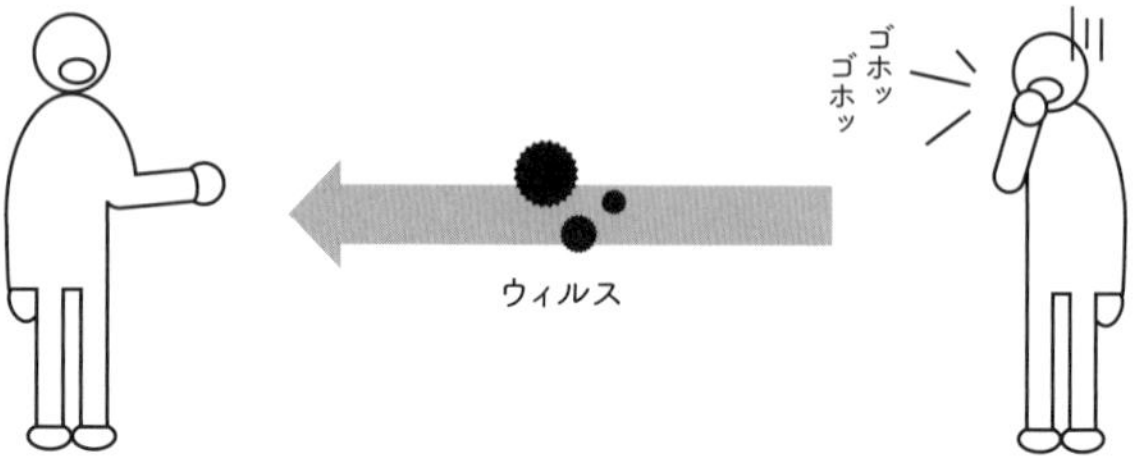


風邪が感染する場合、「ウィルス」が人から人へ配られる。
配られた人には変化が生じる

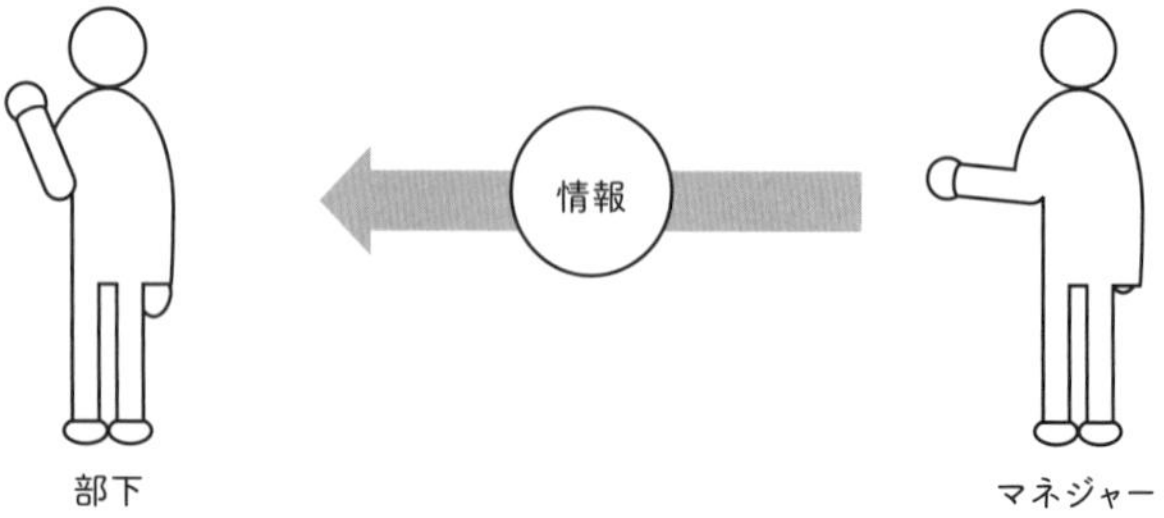


マネジャーのコミュニケーションは、「情報」を部下に配る。
配られた部下は行動（動機）をうながされる。

う、会話以上の深い関係性を表す意味を持ちます（前ページ図参照）。

そして先ほどの問いに対する答えですが、会社で必要とされるコミュニケーションとは、「何かを相手に配る」という意味で考えたほうが正しい認識なのです。

なぜなら、**仕事で交わすコミュニケーションは、ただ情報を伝達するという意味を超えて、「人に行動をうながす（人を動かす）」という効果まで入っているから**です。これは、行動のエネルギーを配っているのと同じことになりますね。

つまり、職場におけるコミュニケーションとは、「人を動かすことまで求められている」のです。

**POINT**

**マネジメントにおけるコミュニケーションとは、情報だけではなく人の動機付けを「配る」ことも含む**

# 3 コミュニケーションは量ではなく質である

マネジャーであるあなたが、部下との対話を活発にしてコミュニケーションを上手にすれば、部下は気持ちよく動いてくれて、マネジメントはうまくいくのでしょうか？

いいえ、そんなに単純なものではありません。むしろ対話をすればするほど、溝が深まるということだってよく起こります。部下に何度も指示したことが、実行されないということは珍しくありませんよね。

コミュニケーションは複雑で、困難なものです。扱い方によっては〝大けが〟のもとになることもあります。

さらに、職場におけるコミュニケーションとは、あなた個人の利害だけで行うものではありません。

まず、**社内の他部署との調整や、社外との交渉に加えて、会社全体の目標まで理解す**

**る必要があります。**そのうえで、自分の部署に課された課題の位置付け、その目標を理解したうえで、部下にわかりやすく、しかも部下の行動につながるように伝える能力が求められるのです。

マネジャーの仕事とは、目標達成のために部下に動いてもらうことです。

そして、部下を動かすためには、その前段階で、マネジャー自身に相当の行動と思考のプロセスが必要になってきます。**部下を動かすためには、上司が先に動く必要があるということです。**

そして、**自分で動いて知り得たことや考えたことを、コミュニケーションという手段で部下に伝え、その部下を目標達成に向けて動かしていく**わけですね。

だから、コミュニケーションはそのための手段であるととらえるべきなのです。

**POINT**

**部下を動かす前に、上司が先に考え、動く必要がある**

## 4 マネジャーには達成すべき「目標」がある

では、それほど重要で、かつ困難な職場におけるコミュニケーションを良好にするには、何が必要なのでしょうか。

私は、**その答えが「配る」マネジメントだと考えています。**

先に、マネジメントの世界には、どんな組織や部署、部下に対しても通用する「根本的な知識」が存在すると言いましたね。その知識の中身を一言で言うと、マネジャーがまわりの状況をよく見て、人々の気持ちを測り、**「人の行動をうながす（人を動かす）」ような情報を配ると、マネジメントの質は上がる**ということです。

といっても、みなさんにはまだピンと来ないでしょう。第1講に入る前の今はまだ、それでまったく構いません。むしろ、だからこそこの本で学んでいただく意義があるのですから。「配る」ということの意味を理解して実践すれば、あらゆるマネジメントのシーンで迷うことなく、その職務を遂行することができます。「配る」ということが、マネジメントの本質だからです。

「マネジメント」という言葉は、経営や管理を意味しますね。ですから**マネジャーは、経営者であり管理者（管理職）であるわけ**です。マネジャーはたとえ大きな組織の末端にいても、１つの部門の経営者であり、管理者になります。

ですから、マネジャーには「目標」が課されます。その目標を、預かった部下たちとともに達成することが職務です。

また、自分の目標を達成するために部下を指導し、育成もします。そして、仕事に主体的に取り組んでもらえるよう、部下の「動機付け」も行います。

こうしたこともすべて、**「人の行動をうながす（人を動かす）」効果を生む、「配る」マネジメントの実践において実現できる**のです。

**POINT**

**部下の行動をうながす情報を配ることで、マネジメントの質は向上する**

# 5 マネジャーが最も優先すべき仕事は何か

私は長年、ビジネススクールのMBA（経営学修士課程）の教室で教鞭をとってきました。MBAのクラスは、ケースメソッドで実践を学ぶ場です。ケースメソッドとは、ある状況＝ケースを題材に、最善の対処方法を討議を通じて学んでいく教育方法のことです。そこで扱うケースは、企業活動の中で実際に起こったことを取り上げることもあれば、今後起こり得ることを想定したケースの場合もあります。

ここで、ビジネススクールの授業スタイルを少し感じてもらうために、「マネジメントの仕事」に関わる４つの質問をみなさんに投げかけますので、少し考えてもらいたいと思います。

**マネジメントとは自分で考え、形勢を判断して、意思決定することの連続**です。そして、人が意思決定するためには、情報を整理し、思考するプロセスが必要です。ビジネスクールの授業では、学生たちが自分の頭で考えて、自分なりの結論を導き出し、それを論理立てて発言します。

では、第1問です。マネジメントの主な仕事と言うと、みなさんの頭の中に浮かぶのは、次の4つのことになるでしょう。

**①部門目標の達成**
**②部下への仕事の割り振り**
**③部下の教育・育成**
**④部下の動機付け**

①〜④は一つひとつが大事ですが、その中でも最も大事な仕事はどれでしょうか？「組織とは何か」ということと、「あなたはそこにどういう理由で所属しているのか」ということについて、あなたが結論を出さなければ答えられないでしょう。

では、第2問です。マネジャーのあなたは、**部下の担当する仕事の配分をどうやって**

しょうか。

**決めるのでしょうか？**

現在、マネジャーであるみなさんは、何を基準にして、部下に仕事を配分しているでしょうか。そして、その配分は正しく行われていて、部下は納得して仕事をしているでしょうか。

次に第3問です。**部下の育成において、最も大事なことは何でしょうか？**

懇切丁寧に教えることは、はたして正解なのでしょうか。それとも、千尋《せんじん》の谷に突き落とすようなスパルタ式の厳しい試練を部下に与えるのがよいのでしょうか。

そして最後の第4問です。**部下の動機付けを高めるには、何をすればよいのでしょうか？**

以上の4つの質問に答えるためには、**そもそも人の動機付けが、どういうメカニズムで上がるのかを知らなければなりません。**これがわからないと、部下の動機付けを高く保ち、チームの目標を達成することはできないからです。

部下をやる気にして、主体的に仕事をしてもらうために工夫するのは、上司たるものの重要な役割です。ところが案外、マネジメントの現場において、このことが軽んじられています。部下をやる気にさせる努力もせず、厳しい評価で無理に仕事をさせている上司が少なくないのです。

**マネジメントには、部下を動機付ける正しい方法があります。**みなさんは、そのことをきちんと学んだことはありますか。多くの人は自分の過去の上司をモデルにして、手探りや自己流で行っていることと思います。

この本では第1講から第3講までで、部下の動機付けを高める方法について、詳しくお話ししています。

第1問から第4問まで、それぞれあなたなりの答えが用意できましたか？　質問の正解は、この本を読み進めながら確認してください。

**POINT**

**動機付けのメカニズムへの理解が、部下の意識向上と、目標達成を導く**

# 6 マネジャーは自分のキャリア向上をどう考えるべきか

この本は、上司として部下を正しくマネジメントし、同時に部下間の関係性も良好に保つ方法について書いています。

しかし、**マネジャーであるあなた自身のキャリア向上について考えることも、部下のマネジメントに心を割くことと同じくらい重要**です。この本はそのことについても、第4講で1章分を割いて書いています。

そもそも、あなたの上にも上司がいます（そしてその上にもいるでしょう）。あなたはどのようにして、自分の上司から評価され、自分のキャリアを向上させていくのか、知っておくことは大事です。

キャリアアップを狙うには、**一次考課者である上司の目だけを気にしていてはいけません。**与えられた目標をクリアすることは当然のこととして、上司の眼鏡にかなえばよい、というだけではありません。そこで必要となるのが、「配る」マネジメントによって培われる、3つの経営専門能力です。この能力の詳しい内容は4講で紹介します。

もう1つ大事なのは、**あなたを評価する社内の目、「人事部」の存在**です。人事部では、どのような人材を評価するのでしょうか。また、どんなマネジメントをすれば、人事部の評価の対象となるのでしょうか。そもそも、人事部が具体的にどのような仕事を行い、人材を配置しているのか、きちんと理解できているでしょうか。

このこともやはり、マネジャーであるあなたが意識していなければならないポイントです。人事部と評価の仕組みについてマネジャーが知っておくべきことも、第5講で1章分を割いて書いています。

POINT
**キャリアアップの鉄則は、人事部と評価の仕組みを知ること**

# 7 危機時こそマネジメントの力が求められる

マネジメントの基本を学ぶうえで、どうしても押さえておかなければいけない項目があります。

それは、「**危機時のマネジメント**」です。**多くのマネジメント入門書は、組織の危機状態におけるマネジャーの役割について触れていません。**

しかしながら、みなさんもご存じのとおり、金融危機や自然災害、外国との政治的なトラブル、テロ活動、伝染病といった、**会社を揺るがすさまざまな「危機」が毎年のように起こっています。**

また、製品事故にともなうリコール、経営上の不祥事といった経営レベルの責任問題もあります。つまり、企業活動は常に「危機」と隣り合わせなのです。そのため、マネジャーとして「危機とはどういうものであるか」ということへの理解が必要になります。

その上で、「組織の中でマネジャーがなすべきこと」を身に付けていきましょう。

今言ったことは全社レベルの「大きい危機」ですが、局所レベルの「小さい危機」もあります。

あなたが働く支社や工場、営業所が危機に陥った、もしくはあなたが働く一部署や一部門が危機に陥ったという事態がこれに当たります。こうした危機には「人間関係の悪化」という「人災」も含みます。また、危機を未然に防ぐ、察知することも重要ですね。会社や組織が危機に陥る前兆となる指標や要素もあわせて学ぶ必要があります。

**人を率いる立場のマネジャーは、こうした「危機」に見舞われたとき、どのように対応すればいいのかも知るべき**です。この点も第6講で1章分を割いてお伝えします。

**POINT**

**マネジメントの入門書には書かれていない、危機時のマネジメントこそ重要**

# 8

## 優れたマネジャーは会社の「変革」に向き合う

前述した自然災害のような大きな危機でなくても、「会社が危ない」と気づくときがあります。このとき、マネジャーのあなたがどういう行動をとるかが重要になってきます。次の質問に答えてみてください。


得意先を訪ねたとき、次のように言われました。

「君の会社は大丈夫かね。新商品の評判がえらく悪いし、危ないんじゃないかって業界のうわさになっているけど」

商品開発力の低下は社内でもここ数年、問題になっている課題だが、まさか倒産のうわさが出るほどとは予想もしていなかった。しかし、会社に帰ってみれば、いつもどおり仕事が流れている。**あなたはどうしますか？**

とても残念なことですが、何かのきっかけで、自分の会社によくない評判が立っていることを知ることがあります。そして実際、その悪い評判は的を射ていて、自分の会社はジリ貧状態になりつつある——。

しかし、あなたには決められた業務があって、それをしていれば、いつもどおり給料は出ているのです。

社員の多くは、会社がいい状態でないことは知っています。ボーナスの額も少しずつ下がっているものの、シーズンごとに出ています。

だから、「悪いと言っても大したことがない」とどこかで安心していて、改革の声が出てきません。それでも、倒産のうわさが外部から聞こえてくるまでに至っているなら、穏やかではありません。

このまま黙っていれば、会社は倒産するかもしれない。中堅のマネジャーであるあなたは、**静かにしのび寄る危機に対し、いかなる行動をとるべきなのか**。これもマネジメントの範疇であり、第7講の「優れたマネジャーは変革とイノベーションを目指す」の章において、1章分を割いてお話ししています。

一口で「マネジメント」と言っても、多種多様な状況において、適切な動き方を選ば

## 「配る」マネジメントの主な効果

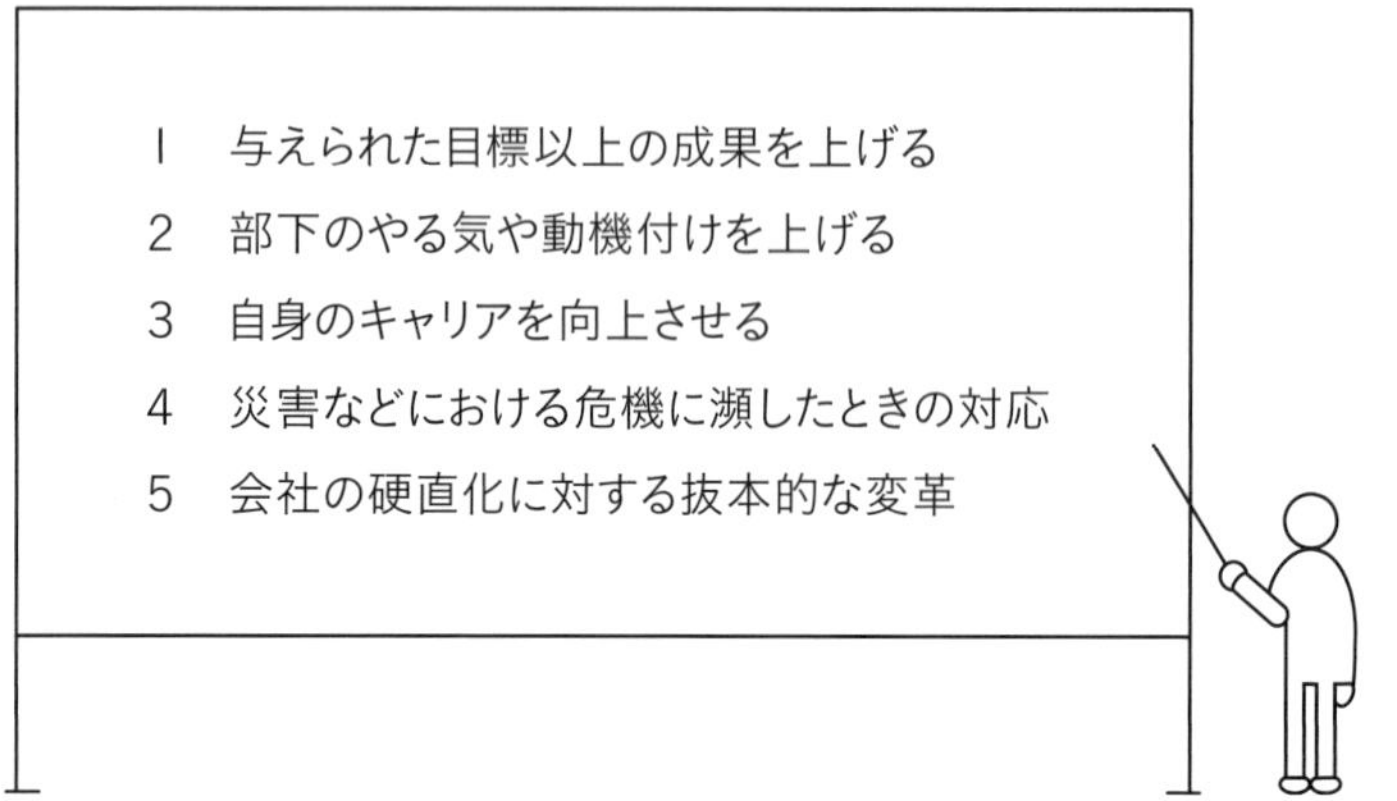
1　与えられた目標以上の成果を上げる
2　部下のやる気や動機付けを上げる
3　自身のキャリアを向上させる
4　災害などにおける危機に瀕したときの対応
5　会社の硬直化に対する抜本的な変革

なければならないことが、実感として伝わってきたでしょうか。

たとえば、与えられた目標を達成しようとするとき、部下の動機付けを上げなければならないとき、会社が危機に瀕したとき、会社に変革が必要になったとき、**マネジャーがするべき選択は、この本でご紹介する「配る」マネジメントを実践すること**です。**それこそが「根本的な知識」**です。

それによって、あなた自身や部下の目標を達成し、会社から評価を得られます。

また、環境変化に対応できる優秀な人材に成長し、組織の閉塞状況を打開し、生まれ変わった新しい組織においても、実力を発揮できる人材になれるでしょう。

この本を通じて、マネジメントの本質と、マネジャーとして生きる道しるべを学んでください。この本でお話しする「配る」マネジメントが、あなたをマネジャーとして成長させることでしょう。

この本を書くに当たっては、約3カ月にわたって7回の特別講義をしました。この本をまとめる目的のためだけに行った、まさに特別な講義です。

しかも、私が日ごろMBAの授業を行っている教室を使って、数十人の学生たちに参加してもらい、毎回2時間ずつ、講義と質疑応答を行いました。学生との議論が白熱して、授業時間をオーバーしてしまうこともたびたびありました。

さて、それではマネジメントについてのお話を始めましょう。読者のみなさんには、教室の席に着き、講義を聴く学生の気持ちで、読み進めていってもらいたいと思います。

POINT
「配る」マネジメントは、会社の危機や変革に対する打開策になる

# 第1講

# 「配る」マネジメントを実践する基礎知識

# 1 マネジメントとは人を動かすこと

この本は、初めて部下を持つようになった人とか、部下を持って数年程度の人に向けて書かれた本です。これはだいたい入社10年めくらいの「中堅」社員と言われる人たちに相当し、年齢的には30歳から35歳くらいになると思います。

中堅になると、自分の力で仕事をこなしていくことができるし、会社からも期待されています。それだけではなく、「**部下を持って、一緒に仕事をやっていく**」ということも期待されているし、**逆に言うと、それができなければなりません。**

あなたが部下を持つといきなり、「マネジメント」という言葉が身近なものになってくると思います。

マネジメントとは平たく言うと、「上司や部下をどうやって動かすか」という方法の話です。30～35歳くらいになると、そのマネジメントについて真正面から向き合って、実際に取り組んでいかなければならないのです。

私は大学のビジネススクールで社会人のみなさんに組織マネジメント論を教えている人間ですから、「そもそもマネジメントってどういうものなのか」ということを、学生のみなさんにわかってもらうのが、大事な仕事の1つです。

とはいえ、マネジメントについてわかっているか、わかっていないかにかかわらず、みなさんは仕事で部下を持つ立場に置かれて、マネジメントを実践していることと思います。

だからこの授業では、みなさんが試行錯誤しながら何とかやっているマネジメントについていったん整理して、

- **会社という組織ではどういうことが進行していて**
- **部下を持つみなさんは、その組織でどういうことを実行しなければならないか**

ということをお話ししながら、「マネジメントの方法」について学んでもらおうという狙いを持っています。

この本は、第1講から第7講までの7つに分かれています。これは私が考える正しいマネジメント手法である「『配る』マネジメント」を構成する要素を大きく7つに切り分けたからです。

この第1講のテーマは、**「『配る』マネジメントのための基礎知識」に**なります。

まず、私が「配る」という言葉をカギカッコでくくって話すのには理由があります。それは、この「配る」という言葉が、マネジメントの本質にピッタリと当てはまるからです。

会社の仕事は、「配る」ことと大変密接に結びついていて、なおかつ「配る」という考えに立って行動すると、マネジメントの仕事が大変うまくいくのです。

ただし、今はまだ「配る」という言葉についてピンと来ていないでしょうから、ここでみなさんにちょっと質問をしてみましょう。

大昔の氷河期時代、人類がみんなでマンモスを獲りに行こうというとき、リーダーは「配る」マネジメントを行いました——。こう言われて、イメージするものって何がありますか？　はい、そこの佐々木君。

**佐々木**　ええと、氷河期の人類のリーダーは、各人の仕事を割り振りました。Aさ

## マンモス狩りにおける「配るマネジメント」

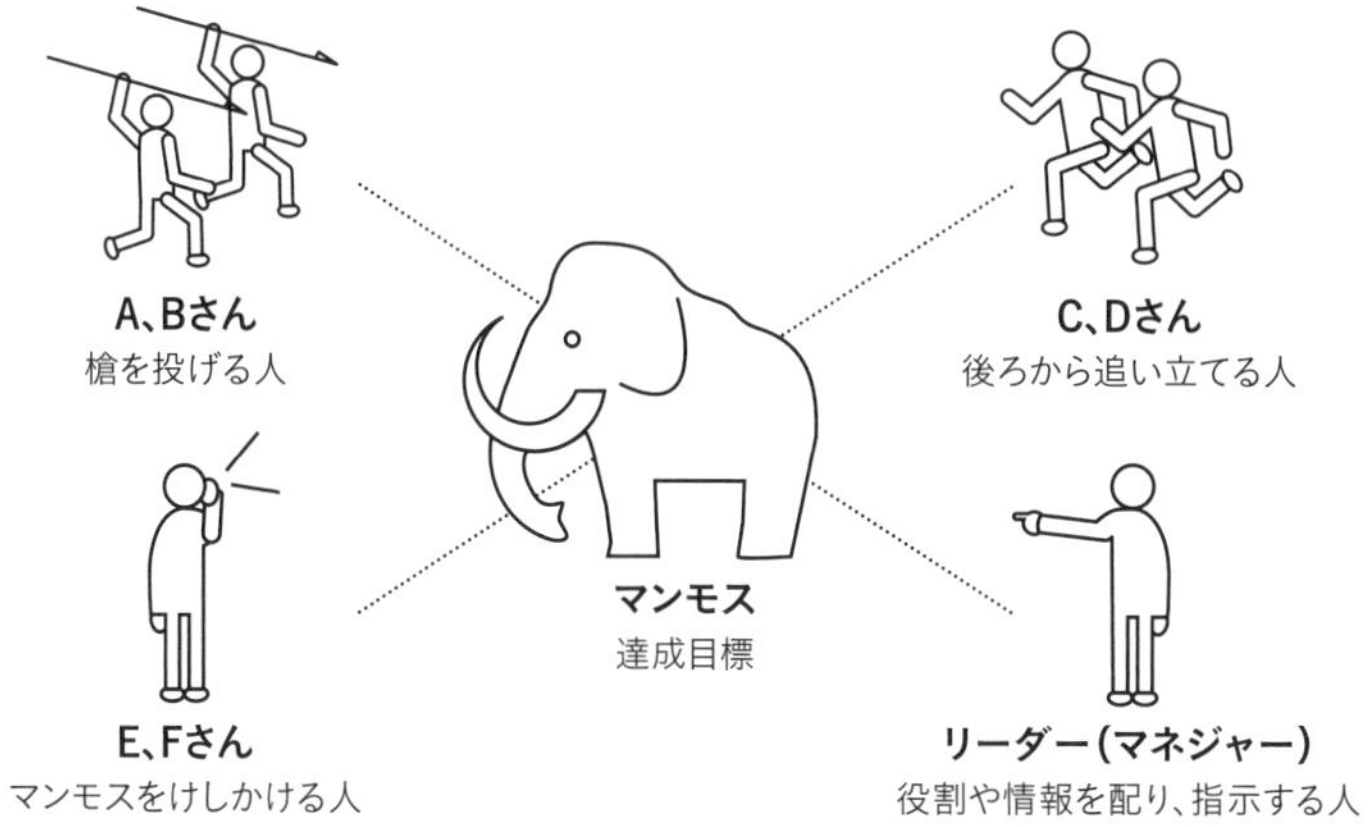


んとBさんがマンモスに槍を投げる役、CさんとDさんが後ろから追い立てる役、EさんとFさんが前からけしかける役というふうに。その結果、マンモスを見事仕留めました。そして、肉はみんなで分け合うことにしました。

狩りの指示をして、仕留めたあとは「あなたの肉の分け前はこれですよ」と取り分を決めます。リーダーは各人の役割を「配り」、実際の分け前という報酬を「配った」から、「配る」マネジネントをしたのかなと思いました。

なるほど。君は「配る」に対する正しい見方ができていますね。氷河期のような原始社会では、組織は究極的にシンプルな形だけど、たとえばマンモス狩りという活動でマネジメントをする人がいて、いろんなものを配っていた。でも、君が言った狩りの役割や分け前を配るだけじゃなくて、もっといろんなものを配っていました。

マンモスとの戦いが始まる手前でも、「先に行って見張っていろ」とか「マンモスを見つけたらすぐ知らせろ」とか「槍などの装備を点検しろ」とか、いろいろ**指示を配ったり**、チームのみんなに「今、マンモスがどこらへんにいるぞ」という**状況情報を配ったりしていた**ことでしょう。

このマンモス狩りのたとえ話は、この本のテーマである「配る」マネジメントを理解するとっかかりになると思います。では、マネジメントとはいったい、何を配るのでしょうか。これからそのお話をしていきましょう。

**POINT**

**「配る」マネジメントでは、情報だけでなく、命令や指示、人員などを配る**

# 2 プレイングマネジャーが必要とする知識

はじめに、「配る」舞台となる会社組織の現状についてお話ししておきましょう。

組織には、「マネジメント」と呼ばれる仕事があります。これは当たり前のことですね。

そして、「マネジメントだけをする人」もいれば、マネジメントと現場の仕事の両方をこなす「**プレイングマネジャー**」という人もいます。

最近は、このプレイングマネジャーが増えてきて、「マネジメントの仕事しかしない」というタイプは、過去のものとなりつつあります。よほど高い立場になってこないと、マネジメントの仕事しかしないマネジャーは存在しません。

実はこれが、マネジメントの仕事を大変なものにしているのです。

なぜならプレイングマネジャーは、**プレーヤーとして実務を抱えながら、部下の管理もしなければならないという状況に置かれるから**です。だから、プレイングマネジャーは忙しくて、部下に懇切丁寧な指導を行うことは難しい状況にもあります。

そして、先ほど触れた30〜35歳の若手マネジャーは、ほとんどがプレイングマネジャーでしょう。

ところで、マネジメントの仕事だけをしているマネジャーがいなくなった理由はちゃんとあります。**それは、会社組織の階層数が減ったから**です。

会社の役職には階層がたくさんありますね。一般的に言って、一番下は主任で、その上に係長、課長代理、課長、次長、部長代理、部長、統括部長……というふうにたくさんの役職の階層があります。ところが最近の会社経営は、こうしたたくさんある役職を整理して階層数を減らし、組織のピラミッドが平べったくなっていく傾向にあります。

その結果、1人の上司の下に、部下がたくさんいるという構図に変わってきています。

でも、階層が平べったくなっても、現実には、全体の実質的な仕事量は変わりません。そこで起こるのが、1人のマネジャーが担当する仕事量が増えるということです。そして必然的に、マネジャー自身がプレーヤーとして担当しなければならない仕事も増えてきているのです。

**「配る」マネジメントは、そうした多忙なマネジャーたちにこそ有用なもの**なのです。

ちなみに、マネジャーは組織の階層構造で言うと、大きく3つに分かれます。

一番下にいるのが、主任や係長クラスの「**担当レベル・マネジャー層**」です。彼らの仕事の中には部下の人事考課が含まれていないのが普通です。2番目が課長クラスの「**ミドル・マネジャー層**」です。この層は、部下の人事考課を仕事に含んでいる人がほとんどです。

さらに、その上が部長や役員クラスの「**トップ・マネジャー層**」で、当然、部下の人事考課を仕事に含んでいます。

マネジャーというと、一般に真ん中のミドル・マネジャー以上を指すと思われていますが、その下の担当レベル・マネジャー層にも、部下を持ってマネジメントをする人がいます。そして、このミドル・マネジャー層と担当レベル・マネジャー層の多くは、プレイングマネジャーになってきており、この本の読者の多くがそうであると思います。

**POINT**

**マネジャーは大きく3つの層に分かれ、「配る」マネジメントは、その中でも特にプレイングマネジャーに有用な手法である**

# 3

## そもそもマネジメントとは何をする仕事か？

「配る」マネジメントについて理解するためには、「そもそもマネジャーの仕事とは、何をすることか？」という質問に答えられなければなりません。

みなさんがこの質問に答えるには、まず**「組織の定義」について正しい知識を持っておく必要があります。**次ページの図を見てください。

会社組織とは、**「目標」「働く人々」「構造と制度」**の3つの要素を持っているものを指します。会社組織だけではなくて、病院、学校、政府組織、NPO法人、宗教組織といった組織もこれに当たります。

会社で働いているみなさんは当然、この「働く人々」に当たりますね。そして、何かしらの仕事を担当しているでしょう。その仕事は、みなさんが属する組織の「大きな仕事」を分割して細かくしていって、最終的に個人のレベルまで細分化されたものになる

## 組織が持つ3つの要素

**組織**
会社組織だけでなく、
学校や病院、政府、宗教組織などもふくむ

＝

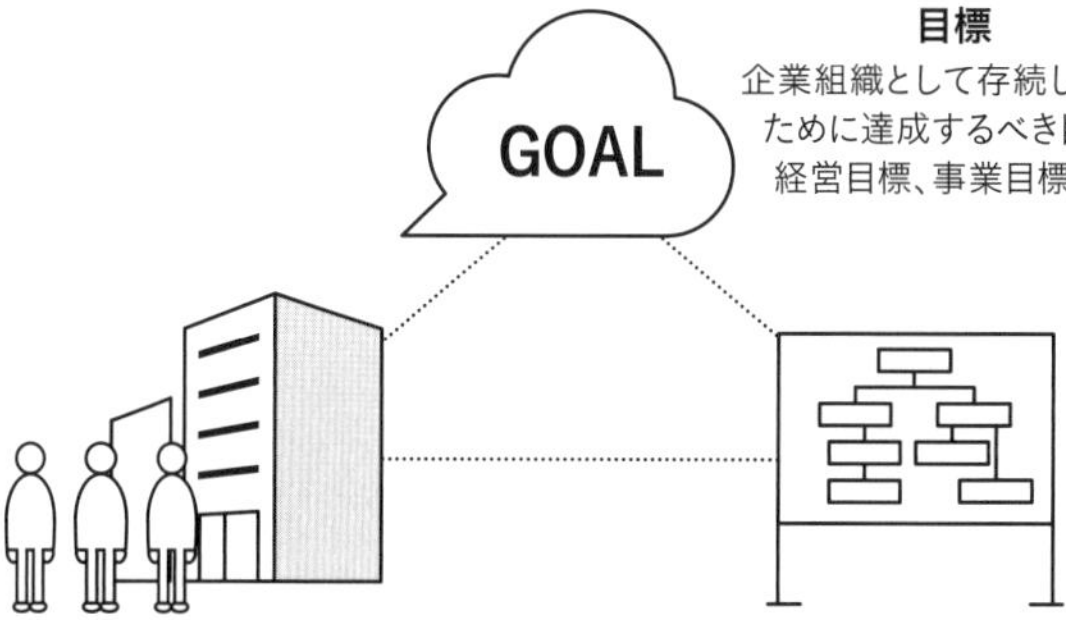


**目標**
企業組織として存続していく
ために達成するべき目標。
経営目標、事業目標など

**働く人々**
目標を達成していくために
協調して仕事をする人々

**構造と制度**
目標達成のために、作業を分担するうえでの
ルールやシステム。人事制度や会計制度など

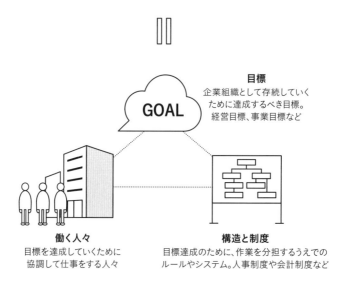

わけです。**組織の仕事は「分業」で成り立っているから**です。

次に、みなさん一人ひとりの仕事には必ず、「目標」がありますね。そして、そのみなさんの目標は、組織の「大きな目標」を分割して個人のレベルまで細分化した「部分目標」に当たるわけです。

個人は部分目標を達成するために、周囲の人々と協調し、関わり合いながら日々仕事をしているわけです。


さて、先ほどの質問に答えるならば、マネジメントの仕事とは、

**「状況を把握し判断しつつ、仕事の結びつきを調整し、部下とともに働き、担当する仕事（目標）を達成すること」**

となります。

この答えについて順を追って詳しくお話ししていきましょう。

まず、**上司である人は**、**「今どういう状況であるか」ということを、常にできるだけ正確に把握しなければなりません。**

そして、状況は必ずしも単純とはかぎりません。ものすごく複雑な場合だってあります。たとえばある案件の関係者の人数がかなり多いとか、関係する範囲が社内外の広範

囲にわたっているとか、複雑な状況というのは多々ありますね。
次に「仕事の結びつきを調整する」ですが、会社における仕事とは、自分の上司や同僚、部下といった社内のさまざまな人たちと、いろいろなことをすり合わせながらやっていかなくてはなりません。

つまり、上司である人は、自分の担当する仕事や直属部下の仕事を円滑に進めるために、**社内の「自分より上」の人や「自分と横並び」の人、「自分より下」の人たちが担当する仕事に目配りしながら、日々「調整」をしていかなくてはならない**わけです。
そして最後の「目標を達成する」ですが、上司である人は、部下と働きながら、自分が持っている（会社から持たされている）「目標」を達成しなければいけません。

**POINT**
マネジメントとは「状況を把握・判断し、仕事の調整を行い、部下とともに目標を達成すること」である

# 4 優れたマネジャーは「情報」を「配る」

ここまで「組織とマネジメントとは何か」についてお話ししてきましたが、上司がマネジメントをうまくやるポイントとは、ひとえに「**配る**」**という言葉に凝縮されている**のです。この配るという言葉について、これから紐解いていきましょう。

会社組織は、ヒト、モノ、カネ、情報という4つの「経営資源」から成り立っています。これはみなさんご存じですよね。そして、この経営資源は、組織の中をぐるぐる移動しているのです。

ほんの一例を出せば、ヒトには人事異動がありますし、モノも配置が変わったりする。カネが組織内を移動するのは当然わかるでしょう。そして、情報も人から人へ、または部署から部署へと移動するわけです。ですから、「**会社において移動しないものはない**」

**と言ってよいと思います。**

そして、この本のテーマである「配る」とは、この移動の1つの側面に当たります。「経営資源が移動する」ということは、当然ながら「移動させる人」がいるわけです。この経営資源を移動させる人がしている「移動させる」という行為を指して、「配る」と私は名づけています。

マネジメントという仕事とは、ヒト、モノ、カネ、情報という経営資源を、部下を中心とした周囲に「配る」ことのくり返しであると言えるのです。

とはいえ、この本は若手マネジャーのために書かれた本ですから、**一番重視するのは、「情報を配る」こと**になります。

なぜなら、通常は4つの経営資源のうち、**若手マネジャーが配るものの大半は、「情報」になる**と考えられるからです。

主任や係長、課長代理（補佐）といった現場に近いレベルのマネジャー層になると、人事考課権がない上司もよくいます。そうした上司がおもに配るものは「情報」と「カネ（予算など）」になりますね。

もしみなさんの中に、「情報」について軽く見ている人がいるとしたら、それはいけません。**マネジメントにおいて、「情報」こそすべてのカギを握る存在**だからです。

これについては、講義を聴くうちに（本を読み進めるうちに）実感していただけるものと思います。

組織における「情報」にはさまざまなものがあります。

マネジャーが組織全体を把握しながら、各部署や各人と調整して仕事を進めていくうえで、情報に対してセンシティブ（敏感）であることはとても重要なことです。

たとえば、会社全体のレベルでは、次のようなさまざまな情報が存在しています。

- **市場と競争はどのようであるか**
- **どの方向へ移行しているか**
- **商品はどのような状況か**
- **イノベーション（会社を刷新する新しい取り組み）はどのようになされているか**
- **組織体制や制度はどうであるか**
- **社内の仕事の達成状況はどのようか**

**・組織を構成する人々はどのような状況か**
**・組織内の個々の仕事をどのように進行させていくか**

そして、マネジャーが情報を配る相手は、部下をはじめ、自分の上司、横の部署の人など、自分の仕事に関係するすべての人が対象になります。

POINT

マネジメントとは、ヒト・モノ・カネ・情報の経営資源を、部下を中心としたメンバーに配ることのくり返しである

# 5 上司が部下に「配る」5つの大切な情報

　では、マネジャーが部下に配る「情報」とは、具体的に何でしょうか。それは部下が目標を達成するために必要な情報で、次の5つがあります。

　1つめは「**状況情報**」で、どのような状況であるかについての情報です。会社の市場におけるポジションや現在の業績、あるいは合併や提携などの話も含まれます。

　2つめが「**方向性情報**」です。会社全体もしくは自分の部署が、どちらに向いていくかについての情報になります。

　3つめが「**評価に関する情報**」です。「どのように評価されているか」に関する全般的な情報になります。たとえば、上司であるあなたの評価であるとか、お客様に接しているなら、お客様がどう評価しているか、といった情報も含まれます。

　4つめが「**個別業務情報**」です。これは個々の業務についての情報です。たとえば、

## 上司が配る5つの情報

① **状況情報**……………… 会社の市場でのポジションや業績、競合の状況など
② **方向性情報**…………… 会社全体、もしくは所属組織の方向性や目標など
③ **評価に関する情報**…… 上司から部下、顧客から自社などの評価の詳細
④ **個別業務情報**………… 現場での業務規則やメソッドをどうするか、という情報
⑤ **気持ち情報**…………… 上司の感情的な側面で共有すべき情報

**マネジャー**　　**部下**

業務の手続きや規則をどうするか、というのがこれに当たります。製造業だったら、部品とか材料などをどうするかといった現場レベルの情報です。

5つめが「**気持ち情報**」です。これは先の4つとはやや毛色が違いますね。でもとても大事なものなのです。

「気持ちは情報です」と言われても、いまいちピンと来ない人もいるかもしれませんが、これはれっきとした情報なのです。「感情」「気分」とも言います。「気持ち」については、もう少し説明が必要でしょう。

マネジャーは人間であるがゆえに、必ず気持ちというものを持ちます。嬉しい、悲しい、暑い、寒い、好き、嫌い、慌ててい

る、落ち着いている……といったエモーショナル（感情的）なものです。マネジメントではこれをうまく配れないといけないのです。

「配る」において、マネジャーは配り手となりますが、この「気持ち」は、注意していないと「発散」してしまう（飛び散る）のです。わかりやすく言うと、マネジャー自身の感情がコントロールされない状態で、部下に伝わってしまうのです。

たとえば朝、部下が上司に「おはようございます。今日も暑いですね！」と挨拶をしたとします。ところが上司は、暑い中、急ぎの仕事をしていてイライラしていたために、「蒸し暑いんだよ！」と声を荒らげてしまったとしますね。

これはマネジャーが部下と接するとき、自分の気持ちを「配る」という意識を持たずに「発散」させてしまったからだと説明できます。

こうした「制御が効いていない」感情の伝達（移動）は、部下の想定外のリアクションを引き起こしてしまいます。

たとえば、前述のケースだと、せっかく部下は気持ちよくその日の仕事を始めようとしたのに、上司のイライラが伝播してしまい、仕事に支障が出てきます。

**だから、マネジャー側に「気持ちを配る」という配慮がないと、上手に「気持ち情報」が伝わっていかず、部下との関係がおかしくなってしまう危険性があります。**

ここで質問があるようだね、はい島田君。

**島田**　気持ち情報を伝える場合、どこまでが「配る」でどこからが「発散」になるのか、区別しづらいのではないでしょうか。
他人が見れば発散に見えても、本人は配っているということもあります。また、100％自分の感情を制御できるかと言えば、自信がありません。そこにはどんな線引きがあるのでしょうか。

いい質問だね。そもそも人間は感情の動物なんです。

ですから、誰しもが気持ちを持つわけ。そしてその気持ちの中には、**こちらが気づかないような〝小さなささくれ〟であっても、相手には〝大きなささくれ〟になることがある。**それを知っておきましょう、ということなんです。

人間には、100%完璧に感情をコントロールするなんてことはできません。でも配慮することはできますよね。

中には感情をむき出しにするのもマネジメントだと勘違いしている人もいるかもしれませんが、それではいけないという自覚をまず持つこと。

聖人君子にならなくてもいいですが、配慮を持って気持ちを配ることを心がけましょう、ということです。

POINT

上司が部下に配る情報には、「状況」「方向性」「評価」「個別業務」「気持ち」の5種類が存在する

# 6 「配る」が部下の動機付けを上げる

**マネジャーが情報を配ることの最大の狙いは、上司である自分が持っている「目標」の達成に向けて、部下が努力をしてくれること**です。目標を達成するためには、部下が協力をしてくれることが必須になりますから。

ではどのような言葉遣いによって、上司は部下が目標達成に動いてくれるように仕向けなければいけないのでしょうか。

この「仕向ける」ということを、マネジメントの分野では、「**動機付ける**」という言葉で表します。動機付けるためには、部下の心理が特定の行動に移るために、「理由付け」を用意してあげる必要がありますね。

その動機付けを上げるための方法は次の2つを行うことです。

仕事の手応えと動機付けのサイクル

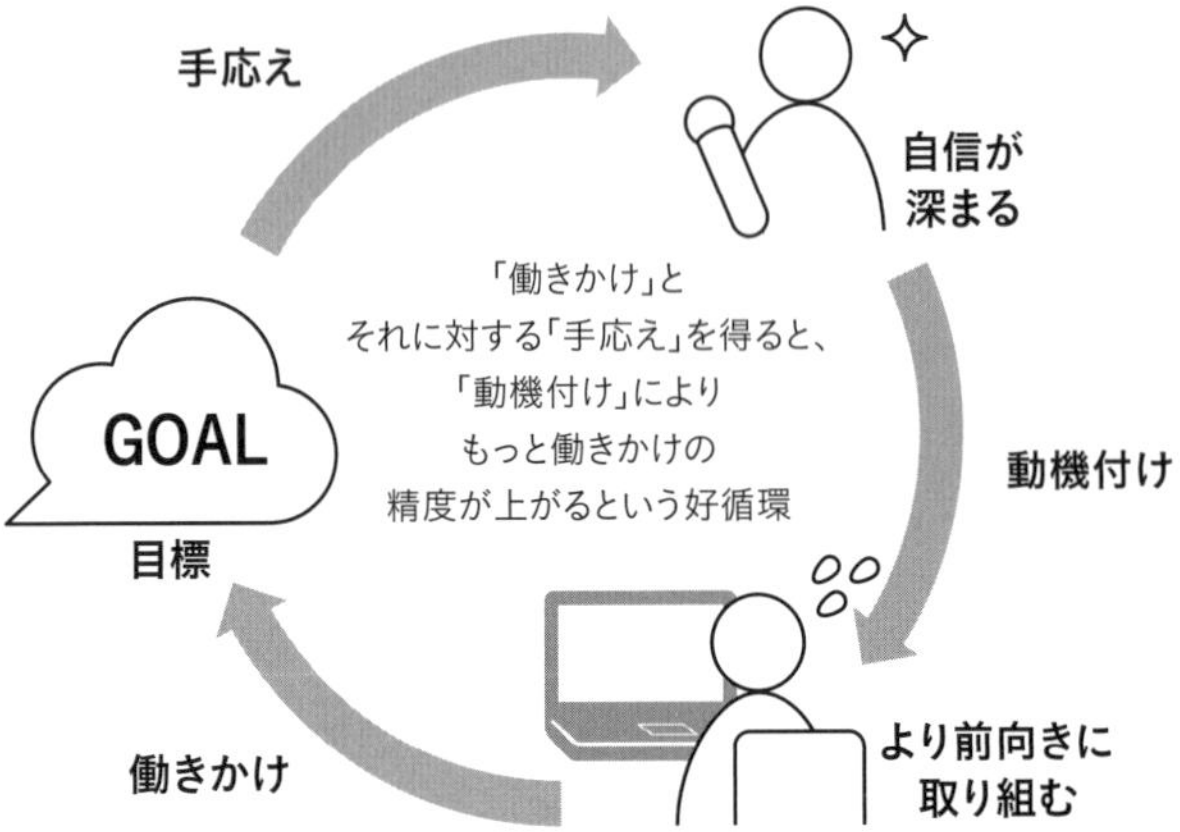


**①「ある仕事をさせて、手応えを得る」というサイクルを体験させる**

**②その仕事がどんな状況の中で、どんな意味を持つのかを認識させる**

①は、部下が手応えを得ることで仕事に対して自信を深め、より能動的に仕事に向かう姿勢が身につき、目標達成に対する意欲が上がっていくことになりますね。

②は、やっている仕事の意味もわからずにこなすより、その仕事が会社やチームの中でどのような意味を持つのかを理解して取り組むほうが、やはり前向きに仕事に取り組め、自分に与えられた目標を達成しようという気持ちが高まるということです。

みなさんはだんだんわかってきたと思い

ますが、**マネジャーが何のために「情報を配る」のかと言えば、部下に動機付けを与えるため**なのです。

だから、配ってしまった結果、部下の動機付けが下がったら本末転倒ですし、マネジャーとしては失格ですね。

配った結果、部下の動機付けが上がって、マネジャーとしての仕事（目標を達成すること）を果たしている、とならなければいけないのです。

部下の動機付けを上げる情報については、ここではあまり踏み込まず、次の第2講で詳しく述べていきます。

**POINT**

部下の動機付けは「仕事の手応えを得ること」と「その仕事の意味を知ること」の掛け合わせによって醸成する

## 7

# 「意思決定」と「配る」はセットになっている

マネジャーが正しく「配る」ためには、部下の動機付けを上げることのほかに、**「意思決定」をきちんと「配る」必要があります。**

意思決定とは、マネジャーが目標を達成するために、物事を決め、実行に移すことを言いますね。

意思決定と言うと、何かトップ・マネジャー層だけに当てはまる言葉、ととらえる人もいるようですが、**実際は若手マネジャーにも当てはまる言葉**です。担当レベルでも、決断を下し、そのとおりに実行するシーンは多数存在しますから。

マネジャーがその部門（あるいはチーム）をどうマネジメントしていくかを考えるうえで、意思決定は大変重要な位置付けにある活動です。

しかし、**マネジャーが意思決定をしても、部下たちにそれが正しく伝わらなければ、**

**自分が意思決定したとおりに組織は動いていきません**よね。

だから意思決定をしたあとは、それをきちんと部下に「配ら」ないといけないわけです。つまり、**「意思決定」と「配る」はセットになっている**と考えてください。

マネジャーが意思決定を行う際には、次のステップを行わなくてはなりません。

**①自分の感情と気持ちがどうであるかを自覚する**
**②状況がどうであるかを知る**
**③方向性を決める**
**④各事柄について評価をする**
**⑤個別活動をどうするか判断する**

ただし、①~⑤のことをする前に、「必要情報の入手」がいります。なぜなら、必要な情報を入手しないと、②状況の判断もできないし、③方向性も決められないし、④評価もできないからです。

そして①自分の感情を自覚することも、「情報を入手する」という感覚で行う必要があります。

必要な情報を入手するという感覚でこれを行わないと、自分の感情とか気持ちとかいうものは、つかむことができないものだからです。

**「配る」マネジメントとは、このように「必要情報を入手」して、「配る」というやり方で進める**のです。

POINT

意思決定を配ることと、その根拠となる「情報入手」もマネジャーの仕事の1つである

# 8

## マネジャーは情報を「獲りに行く」

さて、これまで「配る」ことの意味についてお話ししてきましたが、ここでは「配る」ための情報をどのように入手するか、ということについてお話ししたいと思います。

まず、上司であるあなたがいるとします。そして、自分の下にいる部下たちに向けて情報を配るとします。配るためには、自分のいる場所以外のところから、情報を入手することが必要になってきますね。これを、「**情報を獲りに行く**」と言います。この行為は「配る」と並んで、マネジャーにとって大変重要な仕事になります。

この「情報を獲りに行く」やり方については、第3講で詳しく説明します。マネジャーが獲って来る情報の中身は、さまざまな評価に関する情報だとか、（会社が望んでいる）目標などになります。

獲って来るからには、「どのような情報を獲るか」というマネジャー自身の意思決定がなされていなければ獲りに行けません。

また当然ですが、獲って来たすべての情報を部下に配るわけではありません。**「どの情報を部下に配るか」**という、あなたの意思決定が必要です。

このように、**「情報を獲って来て配る」という一連の行為を成立させるために、マネジャーの意思決定が前提となってくるわけです。**

また付け加えると、上司のあなたが部下に対して、「欲しい情報を獲りに来い」というふうに仕向けて、部下の能動性を高めることもできます。

ところで、上司が獲りに行かないと知ることができないような情報を部下に配ってあげれば、部下は配ってくれた上司のことを、「(貴重な情報をくれる)よい人だ」と考えます。これは上司への求心力を高めることにつながります。

つまり、**よい上司とは、部下に情報を配る人である、**ということです。

**POINT**

**マネジャーは自身の意思決定で「情報の取捨選択」を行う**

# 第2講

# 個人とチームを動機付ける方法

# 1 部下の動機付けこそ上司の一番大事な仕事

第2講では、「個人とチームを動機付ける」というお話をします。

マネジャーは少なくとも1人、もしくは複数の部下を抱えて仕事をします。

あなたが複数の部下を持っているとしましょう。マネジャーはその部下たちを「活用」して、自分の仕事（上司としての目標、ミッション）を遂行していくことになります。

そこで**重要なのは、部下たちの「動機付け」**です。部下をやる気にさせ、主体性を持って仕事をしてもらうよう働きかけることは、マネジャーにとって大切な役割です。

プレイングマネジャーの中には、この役割をあまり重視していない人もよく見かけます。たとえば、自分が抱えている仕事にかかり過ぎて、部下の動機付けまで手が回らないという人がいます。

また、そもそもやる気がないほうがおかしいと、仕事への主体性が欠ける部下は排除の対象と見る向きもありますね。

そういうマネジャーは、今回の講義を聴けば（本章を読めば）、意識がきっと変わると思います。というのも、部下の動機付けは上司に課せられた重要な業務、と言っていいと私は思います。

なぜかと言うと、**部下の働きこそが上司の仕事の成果を決める**からです。

あなたの目標が達成できるかどうかは、ひとえに部下の働きにかかっているわけですから、マネジャーにとって部下の動機付けは、非常に優先度の高い業務だと認識したほうがいいわけです。

さて、29ページでマネジャーの４つの仕事――

①部門目標の達成、②部下への仕事の割り振り、③部下の教育・育成、④部下の動機付けのうち、最も大事な仕事はどれですか？　という質問をしましたね。その答えは「**④部下の動機付け**」です。

マネジャーであるあなたの仕事とは、「すでにいる部下」に「仕事を与える」ことから始まります。だから、**仕事を与える前から、その部下が動機付けを高く持っていてくれることが必須になる**のです。

動機付けが高い部下は、仕事から新しいことを学習して育ちますし、高品質の仕事を達成して、あなたの部門の目標が達成できるのです。

ではどうすれば部下の動機付けは上がるのか。今回の講義はその点をお話しします。人はどうすれば仕事で動機付けを上げることができるのか――。これは組織や人間の行動を研究する私にとっても、重要なテーマの1つです。

そもそも、動機付けのメカニズムはいたってシンプルです。仕事における動機付けで言うと、たとえばAさんという会社員がいたとしましょう。Aさんが**自分の仕事に対して何らかの「働きかけ」を行うと、仕事から「手応え」が戻ってくること**。この条件さえ保たれていれば、動機付けは高く維持されます。

つまり、働きかけた結果、それが成功すればプラスの手応えが戻ってきて、動機付けは上がります。反対に、働きかけが失敗したら、マイナスの手応えが戻りますから、動機付けは(一時的に)下がります。

でも**その後、反省と改善をすることで、再び動機付けは上がる**こともわかっています。**人はある方法で仕事をやってみて**(働きかけ)、**成功したら**(プラスの手応え)、**その活動のやり方が報われ、以後もそのやり方を継続しようとします。**これが動機付けが高くなっている状態です。

一方、もし別のやり方で活動して（働きかけ）、失敗したら（マイナスの手応え）、それを継続しようとはしなくなります。動機付けが下がるということです。

でも働く以上は、常に仕事は存在しますよね。そこでどうするかというと、その失敗から学んで、やり方を改善しようとします。すると再び、動機付けが上がるのです。

ですから、**手応えがプラスだろうとマイナスだろうと、「働きかけ」→「手応え」→「働きかけ」→「手応え」→……という循環構造さえ成立していれば動機付けは上がる、**ということになります。

このことを、実際の職場のシーンを想定して考えてみましょう。

たとえば、あなたが営業活動でお客様に商品を売りに行くとします（働きかけ）。お客様が喜んで買ってくれたとすると（プラスの手応え）、動機付けは大きく上がり、今後も売り続けたいと思うでしょう。

でも、営業活動をして（働きかけ）お客様に断られたら（マイナスの手応え）、動機付けは下がります。しかし、そこから断られた原因を探り、検証して、違うやり方に変えようと考えるでしょう。すると、再び動機付けが上がるのです。

ほかにも、1つの企画を上司に提案したら(働きかけ)、上司がそれを採用してくれたとします(プラスの手応え)。そうなると、また何か提案したいという動機付けを上げるでしょう。

反対に、不採用となったら(マイナスの手応え)、上司にその理由を聞くなどして原因を探り、企画を改善しようとします。これは動機付けが上がっている状態です。

そのほか、会議でプレゼンをする、リサーチをする、資料をつくる……**どんな仕事であっても、「働きかけ」と「手応え」の循環構造があれば、動機付けは上がります。**

この循環がないときに、人は動機付けを失います。ですから部下の動機付けを上げることを考える際には、まずこの大事な前提を踏まえておいていただきたいのです。

**POINT**

**動機付けは、「働きかけ」と「手応え」の循環で生まれる**

## 2 人が主体的に動くために必要な4つの「認識」

先ほどの循環構造で動機付けが上がる仕組みはシンプルですが、ここに重要な要素が1つ加わります。それは「**認識**」という要素です。

人間は、「働きかけ」→「手応え」→「働きかけ」→「手応え」……というサイクルを回すときに、次のような疑問を持ち、それを理解し、結論を得ようとします。

**①なぜその仕事を担当するのか**
**②どんな状況で、それがどんな意味を持つのか**
**③その仕事はどう評価されるのか**
**④上司は何を考えているのか**

以上の4つのことを人間は「認識」するのです。

## 仕事をするうえで部下が求める4つの認識

①なぜ私がこの仕事を担当するのか？

②この仕事は、今どんな状況なのか？

③この仕事はどんな評価を受けるのか？

④私に対して、上司はどう考えているのか？

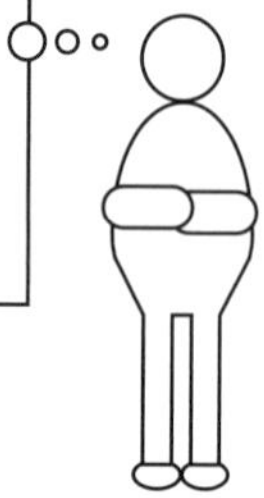


これは上司であるあなた自身にも当てはまりますし、部下たちにも同じです。つまり、あなたの部下たちは日々、あなたという上司のもとで仕事をしながら、

**「なんでこの私が、この仕事を担当する必要があるんだろう」**

**「この仕事は、今どんな状況になっていて、どんな意味があるんだろう」**

**「私のこの仕事は、上司からどのように評価されるんだろう」**

**「私のことを上司はどう思っているのか」**

といったことを「認識」しています。人間は、自分と自分のまわりの人々やその状況を「認識」して、仕事に向かおうとする生き物です。

組織は人と人のつながりから成り立っていますから、その中で活動をしているかぎり、どんな人も自分のやっている仕事の状況や、組織の中における自分の位置付け、周囲や上司からの評価、そして上司が考えていることを意識しています。

言い方を変えれば、**先の4項目に関することを知りたい、理解したいと思っているし、この認識が得られないと主体性を失っていく**のです。

このように「動機付け」と「認識」は、それほど密接に関係しているのです。

POINT

**4つの認識を配ることで、部下の動機付けが向上する**

## 3

# 部下に正しい「認識」を配ってあげる

人間はこの認識――「**どんな仕事をしているのか**」「**どういう状況にあるのか**」といった認識（の記憶）を、かなり長い時間保持します。それこそ3日でも、4日でもねちねちと考えます。

だから**人間の行動や仕事のやり方は、「認識」の持ち方に大きく左右されてしまう**わけです。同じ人間でも、立ち直りの早い人と遅い人がいますが、認識を引きずるのが人間の特徴です。

だから私たちは、今、自分が担当している仕事にどのような「認識」を持っているか、つまり自分の仕事の状況や、仕事が持つ意味にかなりの影響を受けるし、その後の行動も左右する、ということを知っておいていただきたいわけです。

そして実はこのことが、この本のテーマである「配る」と深く関わっています。

先ほど示したように、**部下が認識を持とうとする際のポイントは、部下がする仕事の状況と、その仕事の持つ意味にある**わけです。

ですから、それらの情報を上司であるあなたが彼らに「配る」ことは、部下の動機付けを左右する大きな要因となります。

すなわち、「配る」ことの目的は、部下に「(正しい)認識」を持ってもらい、動機付けを上げることなのです。

ではなぜ、上司が部下に対して、仕事の状況や仕事の意味についての情報を配ることが大事なのでしょうか。

それは、**部下の立場では、これらの情報を入手するのが難しいから**です。それは組織の階層構造で考えればすぐにわかります。

次ページの図を見てください。たとえば、上司のBさんに何人かの部下がいるとします。部下のAさんの立場では、社内で見える範囲の高さは、自分たちのいる階層の視点まででしかありません。

## 上司は部下よりも、物事が広く見える

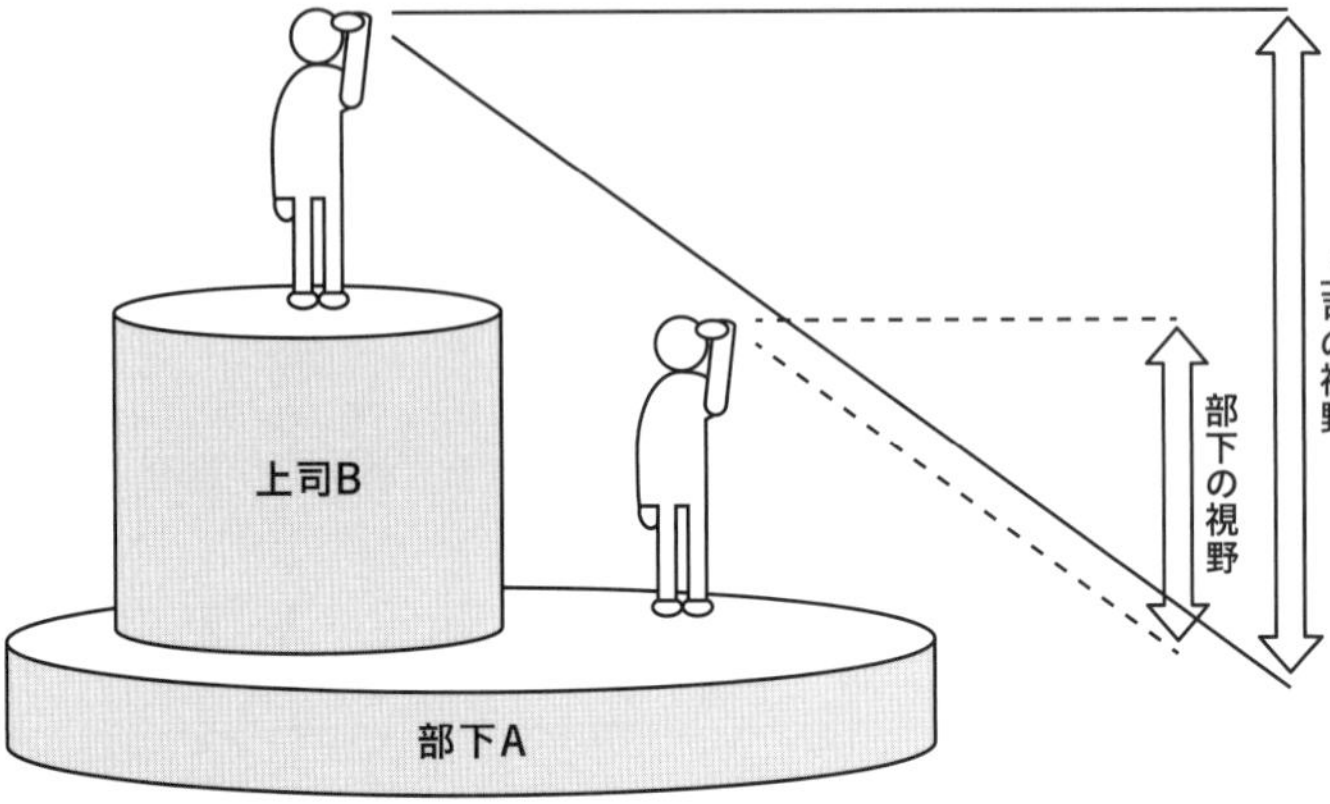


それより上の階層の視点では、物事が見られないのです。その結果、部下の認識レベルでは、情報を得ようとしても不十分になります。

**一方、上司の見える範囲の高さは、部下よりも上の階層からの視点になります。そのため、部下よりも格段に物事がよく見えています。**

だから、上司は自分が見えているものを部下に配ってあげると、部下により正確で詳しい「認識」を持ってもらえるのです。

では、部下に正確な認識を持ってもらうことで、どのような動機付けの効果をもたらすのかが気になるところでしょう。

次のように、適切な「情報」を与えると、

部下は正しく「認識」して、動機付けを上げることになります。

・情報①「**なぜその仕事を担当するのか**」

↓（認識）これがわかると、部下は組織の中で、自分の仕事が「求められている仕事」であるとわかります。

・情報②「**その仕事はどのような状況の中でどのような意味があるのか**」

↓（認識）これがわかると、部下はその情報を使って、「組織全体の中で自分の位置付け」がわかります。

・情報③「**その仕事はどのように評価されるのか**」

↓（認識）これを理解すると、部下は「自分の仕事の価値」がわかります。

・情報④「**上司は何を考えているのか**」

↓（認識）これは気持ちの情報ですね。これを部下に伝えると、「上司は自分を役立ててくれて、育てようとしてくれている」ということを部下は知ります。

これらは、多くの上司が部下を気遣って、職場でなんとなく実際にやっていることだと思います。

## 上司が情報を配ると、部下は認識と動機付けを得る

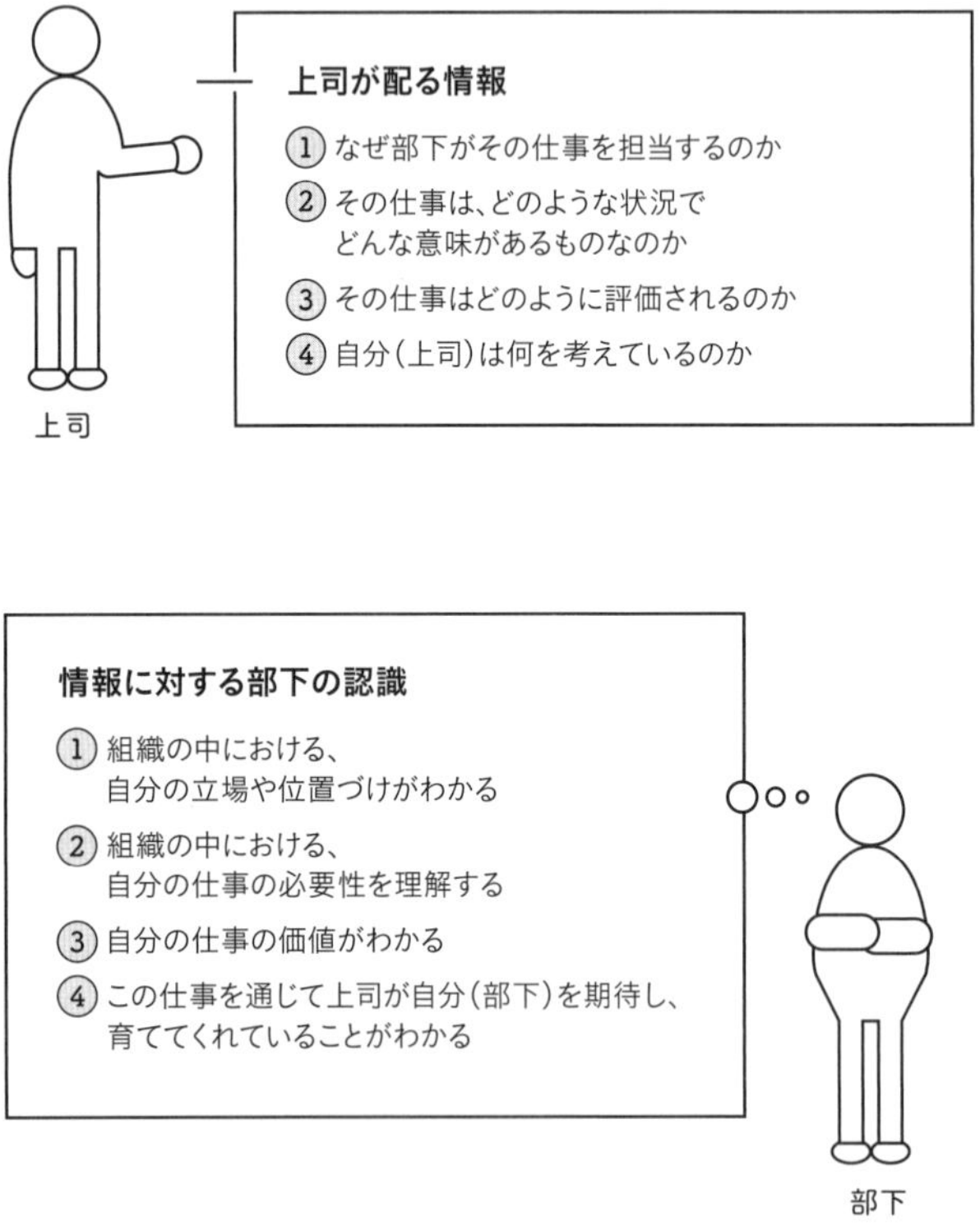
上司が配る情報
①なぜ部下がその仕事を担当するのか
②その仕事は、どのような状況で
どんな意味があるものなのか
③その仕事はどのように評価されるのか
④自分（上司）は何を考えているのか
上司
情報に対する部下の認識
①組織の中における、
自分の立場や位置づけがわかる
②組織の中における、
自分の仕事の必要性を理解する
③自分の仕事の価値がわかる
④この仕事を通じて上司が自分（部下）を期待し、
育ててくれていることがわかる
部下

しかし、マネジャーのみなさんは、これを必要なことだと思って意識的に取り組んでいるでしょうか。

おそらく、多くのマネジャーは部下に対して、「自分の役割や評価、上司の顔色ばかり気にして、目先の仕事がおろそかになってしまっては本末転倒だ」「それでは仕事の意味をはき違えている」と内心思っていませんか。

あるいは、「（行為の意味を理解しないまま）そうすることを先輩から教えられたからただやっている」といったところではないでしょうか。

だとすると、マネジャーのみなさんは、考えを改める必要がありますね。**むしろ部下には「認識」をなるべく正確に、より詳しく持ってもらって、部下の動機付けを上げる、ということがとても大切**なんです。

**POINT**

**上司の視点から正しく情報を配ることで、部下は正しい認識と動機付けを得る**

## 4 補助の仕事にこそ動機付けが大事だ

部下が「認識」を持つことがどれほど重要なのかは、「仕事の特質」を考慮すると、さらによくわかります。

組織は大きな目標を部分目標に分けてみんなで担当（分業）するので、目標が連鎖し、分業の連鎖になっています。分業を単純化したのが、次ページの図です。

左に大きな「目標」があって、それを達成するために「Aさん＝**主業務**」「Bさん＝**補助の業務**」「Cさん＝**補助の補助の業務**」という3つに分業してみました。

日本の職場ではおおむね、年齢や勤続年数などの順に、上から配置されてきましたから、普通はAさんの年齢と勤続年数が一番上になります。しかしながら、近年は能力主義が台頭してきて、一概にそうとばかりも言えなくなっています。

さて、図を見てわかるとおり、目標の達成は、一番上の「主業務」を担当するAさんの成果によるものが大きいです。

そのAさんの下には、下請けの仕事であるBさんの「補助の業務」を担当するBさんがいます。さらにその下に、Bさんの補助をする「補助の補助の業務」担当のCさんがいます。こんなふうに、仕事は分業されているのです。

このように組織は「主」となる業務と、「副」となる業務（「補助」と「補助の補助」の業務）に分業されていきますが、実はここが、人の動機付けと組織のあり方を考えるうえで、なかなかやっかいな問題になってくるんです。

どういうことかと言うと、**「主」業務を担当する人は、主たる役割を担うので表舞台**

## 目標達成のための分業と循環構造

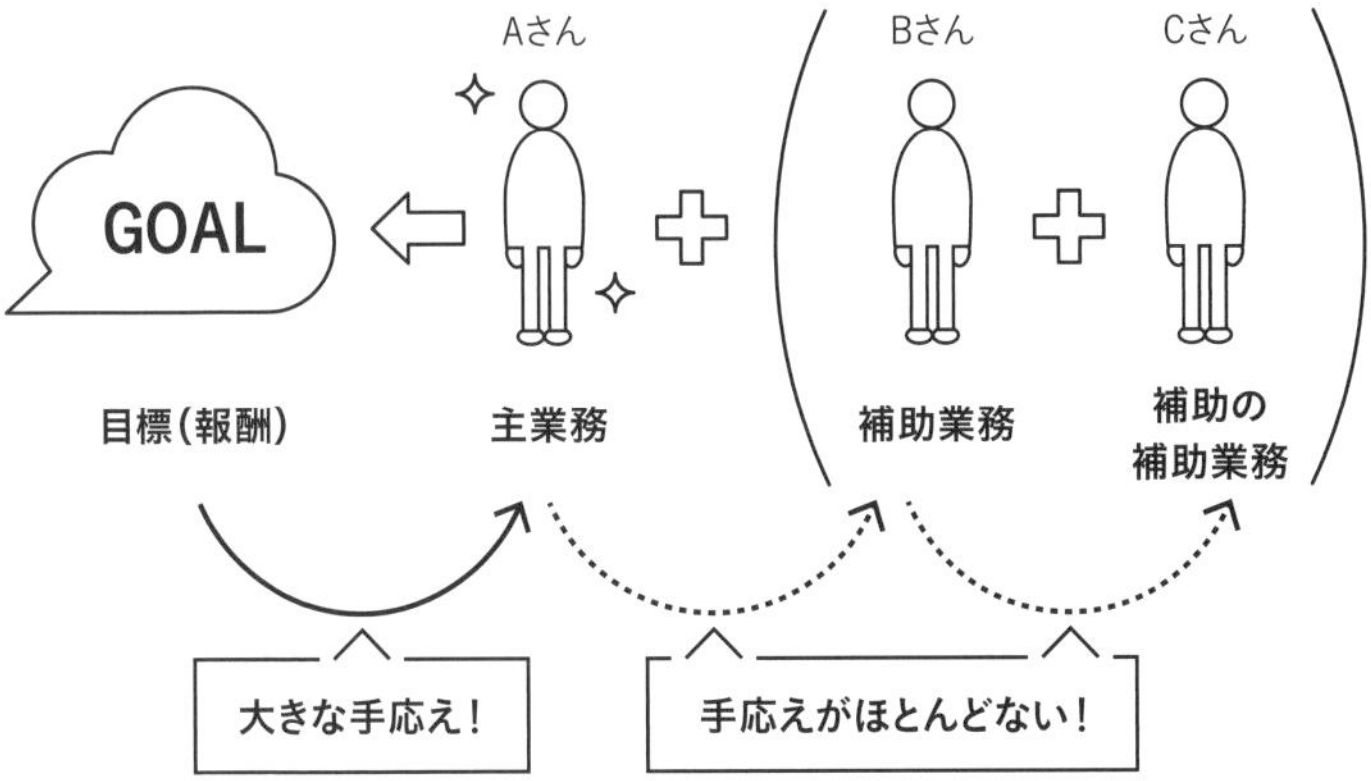

**で仕事をし、成果（手応え）を仕事から直接入手できます。**

またこの種の仕事は、陽の当たる仕事、目立つ仕事、**主流の仕事**とも呼ばれます。

ところが、「補助」業務を担当する人は、補助の役割なので舞台裏での仕事です。

日陰の仕事ですから目立つ成果にはならないので、**仕事の手応えが得にくい**のです。

この種の仕事は、黒子の仕事、**傍流の仕事**とも呼ばれます。

さらにこれが「補助の補助」の業務となると、「補助」業務に輪をかけてこの傾向が強くなります。「補助の補助」の仕事は、全体の目標と自分の担当する仕事との距離がすごく大きくなってしまうので、**「いったい自分は何のために仕事をしているのか」という認識が持ちづらい**のです。


また、前ページの図は、「循環構造」と「組織の分業」を並べたものでもあります。

組織の中の「目標」は循環構造の「対象」に当たります。その「目標」の下に3つに分業された仕事の担当者がいるという図式です。

図のように、主業務をする人は、目標に働きかけたときに、**手応えが自分に戻ります。**

そのためやりがいが得やすく、動機付けも上がります。

**補助の業務の人は、自分の仕事が目標達成の役に立ってはいるのですが、その成果**

しまうんです。仮に戻ったとしてもほんの少しで、実際はほとんど戻ってこない。
**（手応え）というのが本人のところには戻らない**のです。主業務の人のところに止まって**補助の補助の仕事にいたっては、多くの場合、何も戻ってこない状態になります。**

ここでみなさんに聞いてみましょう。補助の業務を一所懸命して、全然成果が得られなかったという経験はありませんか？　はい太田君。

**太田**　まだ私が入社したてのころの話ですが、当時かなり仕事に対する意欲も高かった記憶があります。

ある日突然、上司に大量のコピーを命じられたことがありました。その量がハンパじゃなく多かったんです。ほかにもたくさん仕事を抱えていたのに、「最優先でやってくれ」と言われました。しかも「絶対、コピーを取っているところを人に見られるな」って言うんです。

渋々、オフィスの一番人目につかない個室のコピー機で、ひたすら6時間、コピー取りをしたことがありました。

この仕事は先ほどの先生の説明だと、補助の補助の仕事でしょうね。仕事をしながら、「しょせん私は使い走りに過ぎないのか」と、がっかりしていました。

ところがその数カ月後に、上司から実はその資料が自社のM&Aに関わる極秘資料だったことを教えてもらったんです。

もしあのとき、わずかでも説明を受けていたら、あの6時間の作業にもっと意味が感じられたと思うんです。

でも上司にすれば、機密情報は末端のところまで話せなかっただろうというのもわかります。この話の場合、「配る」という観点で、上司は何かやりようがあるものでしょうか?


うん。やりようはあると思います。場面や状況によっても違うので、一概には言えないけれど、まず「機密情報だ」という言葉だけは伝えられるね。機密の中身は言えなくても。それから、「教えてはいけない立場に上司が立っている」ということも伝えられる。そういう意味で、「君には伝えられないとても大事なことが、この書類の中には入っている。これは上司である私が重要な仕事をするための機密情報である。今、このコピーがどうしても必要になった。だから人に見られないように、コピーを取ってくれ」というあたりまでは喋れるはずです。

または、「一段落したら本当のことを説明するから」とも言えるでしょう。それだけで

しかない情報を「配る」だけでも、君の動機付けはかなり違ったはずです。……というふうに、たとえ機密事項でも、「配る」ことはできると思う。

もう１つ気になったのは、**君が高い意欲を持って入社したということを、上司はわかる努力をしないといけない**かもしれない。

やる気いっぱいの部下に、コピー取りを任せるとしたら、説明の仕方にも工夫があるはずです。「このコピー取りはものすごく重要で、仕事の重要性がわかる君だから」という説明があってもいいでしょう。

**上司が普段から部下を知る努力をしていれば、たとえ仕事の中身は話せなくても、状況や仕事の意味、そして気持ちの情報は、何かしら伝えられる。**「配る」ということで、そこまでくらいはしてあげたい。それだけ大事なんです。

POINT

「補助の業務」を担う部下には、その仕事の意味や重要性を配ることで、動機付けややりがいを与えられる

# 5

## 仕事の「手応え」は上司から部下に配るもの

会社の目標を達成するうえでは、どの階層の仕事も重要です。どれが欠けても、目標は達成できません。にもかかわらず、先ほど述べたように、補助の業務や補助の補助の業務を担当した人たちは、**動機付けを得るための「循環構造」が働かない**んですよ。つまり、働きかけても「成果」という手応えが得られない。

だから、主業務を担当した人と、補助の業務・補助の補助の業務を担当した人とでは、心理的な動機付けに上下がはっきり出てしまうのです。

ところが、会社という組織においては、仕事の「分業」を行う際に、この動機付けの上下についてまったく考慮されないんです。なぜなら、それを考慮してしまうと、「分業」を行うことによって会社が狙う「戦略上のメリット」とか「経済合理性」といったプラスの効果が出せなくなってしまうからです。

道徳的な観点で言えば、会社組織は、すべての社員の動機付けを上げることを考慮したほうがいいと、私は思いますよ。でも、実際の組織では、このことが最優先されることはあり得ません。それが組織の原理ですからね。

ということで、補助の業務や補助の補助の業務を受け持つ人は、普通に働き続けていると、動機付けはどんどん下がっていきます。では、上司はどうすればいいのでしょうか？　ここで先ほどお話しした「認識」のこと（77ページ参照）を思い出してもらいたいのですが、人間は誰しも仕事において次のような認識を持とうとします。

**①なぜその仕事を担当するのか**
**②どんな状況で、それがどんな意味を持つのか**
**③その仕事はどう評価されるのか**
**④上司は何を考えているのか**

ピンと来ている方はいると思いますが、**上司の大切な役割とは、①～④の情報を、補助や補助の補助の業務を担っている部下に、普段から配ってあげることに**なります。

では、この場合の「配る」とは、具体的にどういう流れになるかをお話ししましょう。

まず上司であるあなたは、（分業された）業務と（対象である）目標の間にいるわけです。そのポジションから、補助の業務や補助の補助の業務の仕事が上げた成果（手応え）を、それぞれの担当者たちのところまで降ろしてあげるということ、これが「配る」という活動に当たります。

みなさんどうですか。**配ってあげないと、やりがいが得られないってことがだんだんわかってもらえてきたと思います。**

上司であるみなさんは、職場でちゃんと配れていますか？　みなさんの顔を見ていると、そこまで大切なことだとは思っていなかったようですね。「明日からやらなきゃ」と思いましたか。そう思ったら、ぜひ行動に移してください。

ただし、**「今起こっていること」を部下に「そのままの情報」として配ってはいけません。**部下はその意味を理解できなかったり、部下にとっての重要な情報だととらえなかったりするからです。**上司であるあなたは、「今起こっていること」を「部下にとって重要な情報」に咀嚼して配る必要があるんです。**これが部下に「配る」ときの勘所になってきます。この勘所については、次の第3講で詳しくお話しすることになります。

さて、ここまでで何か質問がありますか？　はい久保田君。

**久保田**　上司が部下の抱える業務の特質を踏まえて「情報を配る」、ということの重要性についてはとてもよくわかりました。

ただ、私が部下を抱えていた経験から言うと、いちいち部下に状況を説明したり、情報を伝えていたら、時間がいくらあっても足りない、というのが正直な感想なんです。時間がないのは、部下よりもむしろ上司のほうなんじゃないでしょうか。それでも先生はやはり、「上司は自分の仕事の手を止めてでもそれをしなければならない」と言われるのでしょうか？　部下が勝手に仕事の手応えを得ることをやってくれたらラクだなっていうのが私の本音です。

なるほど。君の意見もわかりますよ。でもね、君に上司の経験があるなら、マネジメントにおいて先にラクをしてしまうと、あとでしっぺ返しが来るってことも経験としてわかっているんじゃないですか？　だから君に聞きたいんだけど、先にラクをしてしっぺ返しが来たときのコストと、ラクじゃないルートをとったときにかかるコストの2つを比べて、どちらのほうがよりコストがかかると思いますか？

**久保田**　……おそらく、ラクをして「情報を配る」ことを怠った結果、部下が動機付けを下げてしまった代償のほうが、はるかに大きいかもしれませんね。

そのとおりだと思いますよ。私から言わせると、手を抜くことで得られる時間分量って、そんなに大きくないと思うんです。雪だるまのように問題がみるみる大きくなって、時間をとられるくらいなら、**今、わずかな時間をかけて情報を配っておくほうが、トータルなコストは低く抑えられる**はずです。

さて、29ページで「マネジャーは部下の担当する仕事の配分をどうやって決めるのでしょうか？」という質問をしましたね。その答えは2つあって、1つは「**その部下が実行**（**達成**）**可能な仕事を配る**」ということ。もう1つは「**ちょっとチャレンジングで、ちょっと背伸びさせる仕事をさせて部下を育成する**」ということです。そして重要なのは、仕事を「配る（割り振る）」際に、

**①その仕事が会社にとって必要な仕事で**（**ちゃんと意味があり**）、

**②それがどのような目標達成の一部になっているのか、**

**③その仕事の中身や困難さ容易さが、その部下の能力水準をどう考慮した結果なのか**

という3点に関する説明を、上司が部下にしてあげることなのです。これはまさしく大事な情報を「配る」ことですね。

また、30ページで「部下育成において、最も大事なことは何でしょうか？」という質問をしましたね。その答えも当然、「情報を配る」ということです。

仕事のやり方・進め方といった「情報」を懇切丁寧に部下に配ることが、正しいやり方なのです。さらに、30ページで「部下の動機付けを高めるためには、何をすればよいでしょうか？」という質問をしましたね。ここまで読んできた読者のみなさんはよく理解していると思いますが、**部下の動機付けを高める方法とは、部下が自らの仕事の「手応え」を得るような情報を「配る」こと**なのです。

**POINT**

**「補助の業務」を担う人へ「情報を配る」ことは、長期的に見てトータルコストが低く済む**

## 6 部下の意識が「指し手」か「コマ」かを見極める

上司の「配る」が、部下たちの動機付けを上げることは、これまで説明したとおりです。上司から部下に十分、配られていれば、部下たちは仕事に主体性を持って取り組んでくれます。反対に、配られていないと、部下たちの主体性は下がります。

ここで、マネジメントにおいて大切な言葉をみなさんに紹介しておきましょう。**「指し手」**と**「コマ」**という言葉です。この言葉は、私の造語ではなくて、ド・シャームという教育心理学者がつくった言葉を訳したものです。

サイコロを振ってコマを動かすようなボードゲームを思い浮かべてください。そのとき、ゲームのコマを動かす「指し手」と、指し手に指される「コマ」の2つに分けることができますよね。仕事をする人が、この2つのうちどちらに身を置いているかで、意識が次のように大きく異なってくるのです。

**【指し手意識】**

自分の仕事は、自分が主体性を持って進めており、仕事、すなわちコマ（仕事）を動かす指し手が自分である、という意識になります。


**【コマ意識】**

自分は仕事に振り回されているコマに過ぎず、主体性が持てずに仕事をしている、という意識になります。


みなさんもこれまで、指し手意識とコマ意識のどちらの立場にもなったことがあると思います。

ただし私は、この2つに優劣があると言いたいのではありません。コマ意識が高い人に、指し手意識に変えろと言いたいわけでもありません。

重要なのは、**上司であるあなたから見て、部下が、指し手意識が高いか、コマ意識が高いかを見極めたうえで、その部下にとって最もふさわしい形で「情報を配る」という配慮をする必要がある**ということです。

ここで質問があるようだね、佐々木君どうぞ。

**佐々木**　たしかに私の部下たちを見ると、指し手意識を持つ人とコマ意識を持つ人に分かれているなと思います。

ではその違いによって、どのように配り方を変えたらいいんでしょうか？

はい。配り方で言えるのは、「その人の意識に合った対応を心がける」ということに尽きます。

と言うのも、コマ意識の人の中には、数は少ないかもしれませんが、**本当にコマとしての仕事だけしていたい人もいる**んです。

そういう人には、「情報を配って、無理に指し手意識を持たせよう」と働きかけるのは得策ではありません。

あまり無理強いしてしまうと、その人が仕事に対するやる気を完全に失ってしまうことがよくあるからです。

一方で、注意が必要なのは、本来は指し手意識の持ち主なのに、与えられた仕事が補助の仕事でも、優秀な人なので一見すると生き生きとコマの仕事ができている、という人もいることです。

上司がその人を見誤って、「この人はコマ意識の人だ」と勝手に思い込んでしまうと、コマの仕事ばかり任せているうちに、その人はやがて動機付けを下げてしまいます。その結果、せっかくの実力を発揮できない状況にしてしまうかもしれません。

上司は、個々の部下の「意識」がどうなっているのかをよく見極めて、接することが重要です。

**部下との普段の会話や、ちょっとした態度を日ごろから観察していれば、誰でもわかるはずなんです。この見極めこそがマネジャーの仕事、**と言えますね。

POINT

日々の会話や仕事に対する態度から、部下の意識が「コマ」か「指し手」かを見極める

# 7 チームリーダーは「ヨコに配る」仕組みをつくる

これまで個人個人の動機付けについてお話ししてきましたが、ここからは複数の人がつながっている集団やチームに対する動機付けについてお話ししていきます。

最近、多くの企業で、「チーム」という名称をつけた小集団を編成するようになりました。10名前後の集団で仕事に向かうスタイルです。

この場合のチームとは、単に部下が複数集まっている通常の集団とは違います。

たしかに、チームにはリーダー（つまり上司）がいて、複数のメンバー（部下たち）で形成されます。そして、**通常の部署のような上司と部下にあるタテの関係に加えて、メンバー間が横に連携する、いわゆる「ヨコの関係」が強く出てきます。**これが「チーム」というものの特徴です。

そのため、チームリーダーは、**上下の関係だけでなく、部下たちのヨコの関係に関し**

**ても、しっかりマネジメントしなければならない**のです。

組織がこの種のチームを編成する最大の理由は、メンバー相互が協調することで、プラスの相乗効果（シナジー効果）をもたらすことを期待しているからです。かみ砕いて言えば、**社員１人ずつの努力の足し算より、チームではメンバー個々の努力が掛け算になって、高い業績水準をもたらすはずだと期待している**わけですね。

一人ひとりの仕事上の業績の総和よりも、高い業績を狙うのですから、当然、チームのリーダーには、通常のマネジャーよりも多くの努力や工夫が求められます。

チームリーダーの努力の増加分とは、チーム内のヨコのつながりと、チーム全体のつながりをマネジメントすることで生じるものです。これを「ヨコにつなぐ」と呼びます。

**この「ヨコにつなぐ」を実現するには、上司が、部下どうしで必要な情報を配り合える状態をつくらなければなりません。これを「ヨコに配る」と言い、（部下どうしという）ヨコのつながりをとおして、マネジメントに必要な情報を配る、ということを意味します。**

では、ヨコに配るべき情報とは何かと言うと、本質的には上司が部下に配る情報と同

じです。第2講で何度も出てきているとおり、

**①メンバーはなぜその仕事を担当するのか**
**②その仕事はどんな状況でそれがどんな意味を持つのか**
**③その仕事はどう評価されるのか**
**④リーダーは何を考えているのか、メンバーは何を考えているのか**

という情報になります。

ただし、これまでの上司から部下に配る場合と少し様子が異なる点は、**上司から部下に一方的に配るのではなくて、部下どうしが「配り合う」という関係になっていく**ところになります。

この状況をみなさんが理解するために、チームで分業している状況を具体的に考えてみましょう。

1つのチームに1人のリーダーがいて、その下にAさん、Bさん、Cさん、Dさんという、4人のメンバーがいるとします。4人のメンバーはそれぞれ仕事を分担しますが、

全員が同じ仕事をするということはありません。それぞれが別の仕事を担い、リーダーがそれを統括するという形になります。

チームではシナジー効果が期待されていると前に言いましたね。

その理由は、**それぞれのメンバーが通常の業務のようなお決まりの役割や、マニュアル化された手続きを超えて、状況の変化に柔軟かつ迅速に対応していく仕事のスタイルをとるから**です。

一方、チームで担当する仕事は、担当や役割分担がしだいにルーズになって、重なりを持って、形を変えて動いていきます。チームがシナジーを生む理由とはそこにあるのです。

Aさん、Bさん、Cさん、Dさんの仕事は、はじめから仕事がはっきり固定されていないし、担当業務がどこまでの範囲なのかもよくわからない状態でチームは走り始めます。走り始めてから、仕事の業績を上げていくのです。だから活動の進行によって、仕事の内容は変わっていくことになります。

仕事の内容が変わるということは、今やっていることに加えて、新たな要素が入ってきたり、もしくは減らしたりすることもあります。

リーダーもメンバーも、目配りしなければいけない領域や中身が徐々に変わっていきますね。

そのため、個々のメンバーの具体的な活動も途中で形が変わっていき、その形に合う新しいやり方に進化していきます。

これを「**チーム活動の創造性**」と呼びます。

さて、チームの仕事がどういうものかを整理したところで、あらためて「ヨコに配る」ということを考えてみましょう。

チーム自体の仕事がその進行にともなって形を変えていきますから、個々のメンバーの仕事内容も変わっていきます。**仕事の内容が変われば、「ヨコに配る」ための重要な追加情報が刻々と生じます。**

追加情報とは、各メンバーがする仕事の活動が、

- **どのように変化し、**
- **どのように新しいやり方をとり、**
- **各メンバーがそれをどのように担っていくか、**

ということについての情報になります。

この追加情報をチーム内でヨコに共有しなければ、チームの仕事はうまく回っていきません。「お互いがどんな活動をしているのか」という情報を共有化できないと、仕事のシナジーが生じませんよね。

チームリーダーの重要な役割とは、部下のAさん、Bさん、Cさん、Dさんが**メンバー相互で仕事の進捗を共有し、アイデアを出し合い、新しいやり方を共有する、ということ（メンバー間で「配り合う」こと）がスムーズに行われているかどうかをチェックすること**です。

そして、もしそれがうまく行われていなかったら、行われる仕組みをつくって、機能させることで、メンバーどうしをつなげていかなければいけないのです。

POINT

チームのシナジーは、上司ならではの「情報の配り方」と「共有される仕組み作り」で生まれる。

# 8 チームリーダーは「共振」を起こす

チーム内で配り合いが進行するとき、「**共振**」という状態が生まれます。

共振とは、メンバーどうしが仕事に関する状況を共有する中で、**仕事の方向性や仕事への努力をお互いに認め合い、たたえ合い、励まし合う、といった場面が起こってくること**を指します。

一言で言うと、「**チームに熱気が生まれ、一丸となる**」ということですね。

共振が生まれたら、チームとしての動機付けは高く維持されます。このときの動機付けは、メンバー一人ひとりの動機付けの合計よりも高くなります。

これが「チーム効力感」と呼ばれる集団動機付けであり、シナジー効果の源になります。

ただし、メンバーどうしがうまく配り合えば共振は強まりますが、下手に配ってしまうと共振は下がり、消滅してしまいます。

**だからチームリーダーの役割は、共振を起こし、強めるための「配り合い」に取り組まなければならないのです。**

それには次の3つの重要なポイントがあります。

**①チーム内で、仕事やそのやり方について相互に知り合い、共有するために、恒常的な情報交換の場となるものをつくっておく**

**②情報交換の場の特性として、速い情報交換ができること。メンバーの誰かが新しい何かを得たら、即座にチーム全体に伝わる速さが必要**

**③メンバー間で相互に声を掛け合い、積極的に発言する**（このことはスポーツチームでも同じ。声がよく出ているチームは競技で優勢で、声が出ないチームは劣勢になる）

①〜③のポイントが「共振」を起こすうえでとても重要になりますから、リーダーのみなさんはよく理解して、実践してもらいたいと思います。

ここで質問があるようですね。はい、浅田君。

**浅田**　①の「恒常的な情報交換の場」とはどんなものなのか、具体的に教えてもらえますか？　私は以前、20～30人くらいの部下のマネジメントをしていました。その当時は、本当にありきたりなんですが、たとえば定期的にミーティングをやるとか、飲み会をやるとか、イベントをやるとか、そういうことでチーム内が打ち解ける場をつくって、発言がしやすいようにと心がけていました。そんなイメージでいいんでしょうか？

うん、形はあまり大事じゃないですよ。

今、君が言った飲み会とか、毎朝、朝会を開くといったその場が、「情報交換の場」になっているかどうかが重要なんです。その機能がきちんとあればそうした会に意味はありますが、ないなら効果は期待できない。

もちろん気持ちの交換の場や、みんなが知り合いになる場にはなると思うので、まったくムダではない。

でも、今の講義で指摘した「追加情報」をきちんと配り合っていないといけないんですよ。それがあれば反対に、どんな形の集まりでもいいでしょう。

最近は、なかなか若手は飲みに行くのも消極的だから、ソーシャルメディアを使って恒常的な場をつくるなんていう取り組みもよいと思います。実際にやっている企業もたくさんありますよ。

たとえばソーシャルメディアで、昔で言う業務日報を書き込んで、メンバー間でぐるぐる回すというのも有効でしょう。

どんな場をつくるかは、チームのミッションや特性にもよるし、リーダーのセンスも問われます。

**なるべくメンバーが参加しやすい場をつくれるよう工夫してみてください。**

POINT

メンバーどうしが互いを認め合い、励まし合う「共振」は、場(所)、速度、積極的発言の3要素によって発生する

# 第3講

# マネジャーは「情報」を獲りに行く

# 1 情報を「獲りに行く」という意識を持つ

今日で全7回の講義のうちの第3回めになりますね。第3講は、**会社の課題と現状を「獲りに行く」**というテーマでお話しします。

前回お話ししましたが、人間が主体性を持って仕事をするためには、「自分がどういう状況にあるか」「その状況の中で自分はどんな判断をするか」「どんな行動をとるのか」といったことを知る、認識するということが必要だとお話ししました。

この本はマネジャーになる人が主体的に働くためのものの考え方をメインテーマにしていますから、まずはマネジャーであるあなたが、こうした認識を得て、アクションを起こすことが必要です。

一方で、マネジャーには「部下の動機付けを上げる」という役割があります。そのためにマネジャー、つまり上司であるあなたは、部下に会社の情報を「配る」必要がある、ということも第2講でお話ししました。

また、チームで仕事をする場合には、部下どうしが配り合う状況をつくることも重要だとお話ししました。

部下に配るのは何かというと、**①部下が担当する仕事の状況についての情報、②方向性についての情報、③評価はどうであるかの情報、④個別の業務活動についての情報、⑤感情と気持ちの情報**、という5つの情報でしたよね。これらの情報が、部下の動機付けを上げるためにとても重要だと言いました。

**ここで問題になるのは、「上司がこれだけの情報を持てているのか？」ということ**なんです。

「⑤感情と気持ちの情報」については、上司と部下の間で適切なコミュニケーションをすることで得られるものです。

ただし、残りの①〜④の情報については、**前提として上司が持っていなければ、配ろうにも配れない**ですよね。

だから上司であるあなたは、①〜④の情報をどこかに「獲りに行く」ということをしなければならない。この「獲りに行く」が第3講のテーマになります。

「獲りに行く」というときの「獲る」という字は、「狩り」をするような言葉をあてています。**会社で情報を得るというのは、動物が獲物を狙うときのような、能動的というか多少、攻撃的なイメージを私は持っているんです。**だからこの字を選んでみました。

ところで、部下に配る情報には大きく2つあります。1つは、「**自分でつくる**」もので、もう1つが、この「**獲りに行く**」もの。

「自分でつくる」というのは、ゼロから情報をつくったり、あるいは手持ちの情報を加工するといったことがあります。

ただし、「配る」べき情報の多くは自分でつくれないものがほとんどです。とくに、現場に近いところで仕事をしていてマネジャーの経験が浅い人ほど、自分で情報をつくることは難しくなります。なぜなら、**仕事に関する情報の多くは通常、会社の上層部に行くほど多く持っているから**です。

だから、「配る」マネジメントを実践するマネジャーにとって、「獲りに行く」ことがとても大事なんだということをまず理解してください。

当然のことながら、上司であるあなたの上にも上司がいます。あなたの上司が、部下であるあなたに対して「配る」マネジメントをするうえで役立つ「情報」をどんどんくれているなら、問題はないでしょう。その人は「よい上司」ですね。

この場合、あなたは与えられた「情報」をどんどん部下に配ってあげればいい。ところが、会社においては往々にして、十分な情報を上司からもらっていないマネジャーが多く、この場合は問題です。

よく「よい上司」とか「悪い上司」といった言い方をされます。私に言わせれば、その本質的な違いは、情報を配る人かそうでない人かという点に尽きると思います。つまり、**配るべき情報を部下に配っていない上司は、「悪い上司」ということになる。**

ただ、みなさんは「悪い上司はなぜ、情報を十分に配っていないのか」という理由も理解しておいたほうがいいでしょう。

考えられる理由は3つほど挙げられます。

1つめは、あなたへの訓練として、**あえて情報不足の状態に置いている**というケース。実は、「情報を自分から獲りに行かせよう」としているわけです。こういうマネジャーはよくいて、時と場合によっては、それほど悪くない上司です。

2つめは、**上司の能力が不十分で、上司自身が情報を獲りに行くことをしっかりやれていない**ケース。これは悪い上司に当たりますね。

3つめは、「**部下に情報を配る**」**という発想が、そもそも上司にできない**ケース。これは最も悪い上司ですね。

質問があるようだね、土屋君どうぞ。

**土屋**　先生、1つめの「意図的に情報を配らない上司」というのは、一見、悪い上司ですが、実はよい上司と考えていいということですか?

基本的には、よい上司と考えていいですよ。1つめの上司を一言で言うと、「悪い上司を装ったよい上司」となるね。

「上司が情報をくれない」と言って不満を漏らす人はよくいるけど、部下に「マネジャーとして主体的に動けるようになってほしい」と思って、**あえて情報不足にして「獲りに行く」をやらせている**って場合もあるんです。

こうした上司は、「社員を育てよう」という目的があるので、よい上司だね。でも、上司からは、自分の意図を説明することはほとんどないから、一見すると悪い上司に見えるかもしれない。
**ただし、気をつけなければいけないのは、これは部下を見極めてからやる必要がある**ということ。部下のためによかれと思って情報不足の状態に置いた結果、その部下の動機付けが下がって、仕事の業績が下降していったら、それこそ本物の悪い上司になってしまうよ。

とにかく、みなさんがよい上司のもとにいたら、十分に情報を配ってもらえるから、獲りに行くべき情報は少なくてすむでしょう。
でも、今の「装っている上司」も含めて、情報を配らない「悪い上司」の下についてしまったら、上司であるみなさんの情報が圧倒的に足りなくなるんです。だから、その場合は、自分の力で情報を「獲りに行く」ことを意識しなければいけないんです。

**POINT**
**部下に配る情報が不足しているときは、自ら「獲りに行く」べきである**

2

# 情報は6つの場所から獲って来る

では、マネジャーであるみなさんが、情報をどこに「獲りに行く」のかをお話ししましょう。これは大きく分けて次の6つがあります。

①直属の上司（獲りに行くに値するなら）
②直属の上司より上の上司ないし経営層
③仕事で関係する人々（ヨコの関係）
④同期の友人
⑤社内文書（会社は社内サーバーの中に相当の情報を載せている）
⑥社外情報

どうですか？　みなさんは定期的に、ちゃんと①～⑥から情報を獲っていますか？

## 情報を獲る6つの場所

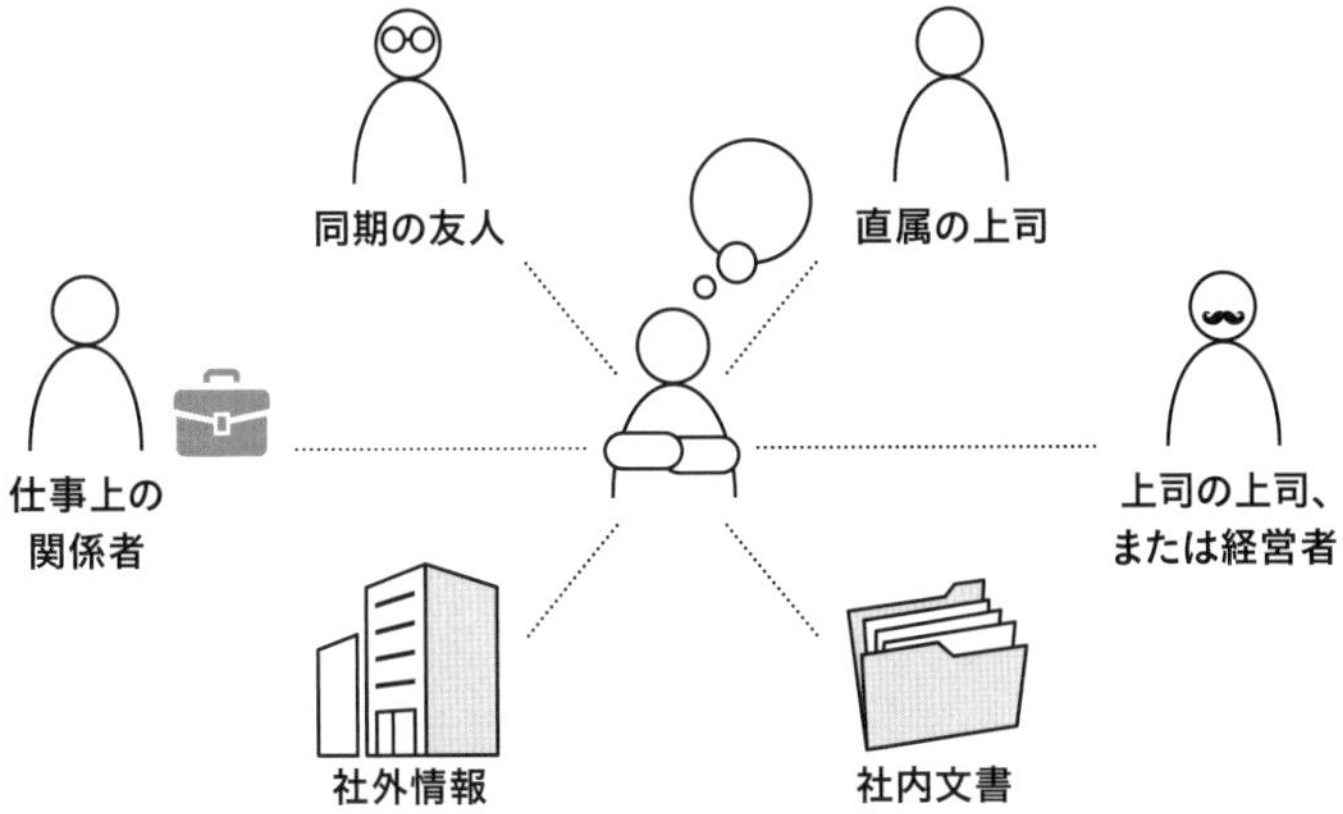


今、あなた自身が「悪い上司」の下についているとして、配るべき情報をもらっていないことを理由に、部下に配ることを不十分にしていないでしょうか？　もしそうだとしたら、部下たちの動機付けは下がっているに違いありません。

そうならないためにも、不足している情報をこの6つのところに獲りに行く必要があるわけです。

ところで、松下電器産業（現パナソニック）の創業者、松下幸之助さんがあるとき、サラリーマンのあるべき姿として、「社員稼業」というとても的確な言葉を使いました。「稼業」というのは文字どおり、「稼ぐ業務」のことですね。

サラリーマンというのは、大きな会社の歯車のように小さな分業を担当しています。だから、個人個人が「自分は稼いでいる」という意識を持っていないことが多いんです。でも松下幸之助さんは、「社員稼業」という言葉を使って、「**自分の業績に『価格』をつけて、差し引きで利益が上がるようにしなさい**」ということを社員に伝えたかったのですね。

別の言い方をすると、「社員稼業」とは、会社というものは、社長だけが経営するものではなく、社員一人ひとりが現場で、自分の周囲の状況をとらえて、意思決定して、アクション（行動）をとりなさいという意味なんです。

そして、この社員稼業をするためには、いろんな「情報」を自分から獲りに行かないといけませんよね。**情報とは、そもそもじっとしていたら手に入らないものだ**と思います。**だから「獲りに行く」という能動的な表現がふさわしい**のです。

もう1つ、「獲りに行く」に関して、とても的確な表現を紹介しましょう。今から10年ぐらい前からビジネスの現場でよく使われている言葉に、「**マネージング・バイ・ウォーキング・アラウンド**（Managing by Walking Around）」というものがあります。聞いたことがある人いますか？　あれ、1人しか手が挙がらないね。

「マネージング・バイ・ウォーキング・アラウンド」を一言で訳すと、「歩き回りましょう！」という意味です。

**マネジャー席に座ったままだったら、何も状況が見えないし、情報が入ってこない**ですね。**自分の席を立って動き回りなさいということ**です。

この言葉の発祥地であるアメリカの職場は、社員の席がパーティションになっていて、高級な会社だと、マネジャーになれば専用の部屋（ブース）があてがわれています。でもその部屋の中だけでマネジメントの仕事をし続けたら、マネジャーとしては失格です、という意味なんです。だから、ウォーキング・アラウンド……部屋から出て、**あちこちうろつき回って情報を収集しなさい**、ということです。

ただ、日本のオフィスのつくりって、大きなフロアに部下と上司が机を寄せて座っている島がいくつもあるのが多いですから、日本の上司は、アメリカの上司ほど孤立していないでしょう。それでもやはり、上司たるものウォーキング・アラウンドを心がけるべきですね。

まあ、今の時代なら、インターネットの中に出かけていくということももちろんＯＫで、必ずしも足だけを使わなくてもいいと思います。

そこに座っている川村君、ウォーキング・アラウンドみたいなこと、言われたことないですか？

**川村**　うちは事業部ごとにオフィスが分かれているので、「垣根を越えて情報を獲りに行け」っていうのはよく言われますね。

うん、やはり実際によく言われるわけだね。会社によっては、ウォーキング・アラウンドが常識化しているところもあるそうだね。

情報を獲りに行くとき、「あれもこれも知りたい」という思いに駆られるものです。上司として部下になるべくたくさん配ってあげたいと思うし、上司であるあなたも自分の置かれた状況をよく知りたいと思うことでしょう。

そこで、情報を獲りに行くときに知っておきたい「心構え」をお話しします。

私たちは、１００％わかって生きることなどできないんです。もちろん、わかる部分を少しでも増やしたほうがいいと思います。それでも、**１００％までわかることは絶対にあり得ない。**

これは仕事についても同じです。「わかりたい」という気持ちはとても大事ですが、完璧にわかるということはあり得ない。だから、「仕事についての情報を完璧に把握することはできない」というのが、情報を獲りに行くうえでの心構えになります。

この現象について、もっともらしい名前をつけたアメリカの経営学者がいます。ハーバート・サイモンという人で、「バウンディド・ラショナリティ（bounded rationality）」と呼びました。「限定合理性」と訳されています。

「すべてわかって物事ができるかといったら、そんなことはあり得ない」ということを、彼は言っています。だから人は、わからないことを含んだまま仕事をするものなんです。

**ただし、「わからないから」と言って放置しておくのではなくて、わからない部分の穴を自分なりに埋めていく姿勢がとても大事**なんです。

POINT
マネジャーは、自分の席から離れて、部署の垣根を超えた情報を獲るよう心がける

# 3

## 獲りに行く先の人の「状況」に目を付ける

情報を獲りに行くなら、なるべく役に立つ情報や精度の高い情報が欲しいですよね。そのために何に気をつければいいのかという**「獲りに行く際の目の付けどころ」**についてお話ししていきます。

先に述べたように、組織においてなされる仕事は、「分業」の形になっていますよね。そこにおいて、**社内の各人の仕事が、会社組織の中でどのような「大きな仕事」の一部となっているかを知っておくことがとても大事**なのです。

このことがわかっていると、情報を獲って来て、部下に配ることが、上手にできるようになります。

たとえば、情報を獲りに行く先が、あなたの「直属の上司」「仕事で関係する人々」「同期の友人」だったとしましょう。

このとき、その人たちは、**それぞれどのような「状況」に置かれているのか**、ということが最初にわかっていないと、情報をもらおうとしてもさっぱり噛み合わず、何も得るところがなくなってしまう危険があります。これはなぜでしょうか。

彼らには、それぞれ彼らなりの目標がありますし、それぞれ異なった人たちと一緒に仕事をしています。また、それぞれ組織上の異なった位置にいて、それぞれ違った制度に従って動いているからです。

とりわけ知っておくべきなのは、彼らが「どんなより大きな目標の一部になっているか」ということを理解しておくことです。

**情報を獲りに行く先の人のさまざまな「状況」を把握しようという目線を持って、相手と話をすれば、よい情報を引き出すことができます。**

相手から何を引き出せばよいかもよくわかりますし、相手も自分の状況を把握してくれている人には、突っ込んだ内情も伝えてくれますから。

これは、人から話を引き出すうえで、基本的な心がけと言えますね。

以上のことは、あなた自身についても同様で、次のような問いを立てたほうがよいでしょう。

・**あなた自身の目標は何で、どのようなより大きな目標の一部になっているか**
・**あなた自身はどのような人か**
・**あなたはどのような組織上の位置にあり、どのような制度に従って動いているか**

こうした自分への問いと、獲って来た情報を組み合わせて、「部下に配る情報」になるように加工していってください。

なぜ「加工」するのでしょうか。それは、獲って来た情報をそのまま部下に伝えてはダメだからです。**部下に情報を配るためには、さまざまな情報を分析、解釈し、わかりやすく加工するという、「マネジャー側の工程」が必要になるということです。**

POINT
情報を獲りに行く相手が「組織のどんな目標の一部になっているか」を理解することで、より質の高い情報が得られる

# 4 精度と質の高い情報を得る秘訣とは

さて、**情報を獲りに行く先で最も有効なのは、やはり経営層**なんですね。獲りに行く**相手先の職位が高ければ高いほど、あなたに必要な情報をたくさん持っています。**なぜなら上位層の人たちほど、組織内を広く見渡せられ、情報が集まってくる立場にあるからです。

しかしながら、このような職位の高い人たちは、みなさんにとって「雲の上の人々」と言ってもよいでしょう。頻繁に訪ねて行くわけには、いかないですよね。

でも、訪ねて行っていいんです。行くことは、それほど難しくないはずです。こちら側に心理バリアがあるだけで、相手は訪ねて来ることを拒否することはまずない。逆に、「よく聞いてくれた」と言って喜ぶケースが多いはずです。だから、なるべく訪ねて行くべきですね。

とは言っても、頻繁に行ける相手ではないのも事実ですから、みなさんにはもう1つの方法として、「**就活の上の上をいく**」という方法を提案します。これはいったい何かと言うと、社内文書や社外情報の活用です。

みなさんは5年前とか10年前とかに、就職活動をしたと思います。そのころを思い出してください。インターネットや新聞、書籍などで業界研究、企業研究をしましたね。何のためにそれらの研究をしたかというと、就職希望先の会社が何をやっていて、自分はそこで何をやりたくて、それが自分にふさわしい仕事なんだ、という論理を構築するためでしょう。それをすることで、面接のときやその他のシーンで、志望動機を明確にしたでしょう。

この就職活動と同じようにして、情報を獲りましょう、ということです。でも、当時と今とでは目的が違います。今は、部下の動機付けを上げるために、部下に配る会社情報を集めるのが目的です。そして、今のあなたは社員ですから、社内情報を容易に入手できますよね。

社内外の公表資料や文書を丹念に読むことで、必ず貴重な情報に出会ったり、掘り出したりできます。これをやるかやらないかでは、かなりの差が出ます。

**精度と質の高い情報を得るためには、こうした社内外で得られる情報に意識的に接し、**

**ときには経営層の人たちに直接、話を聞きに行くのを組み合わせること**だと思います。

ここで質問があるようだね。はい高橋君。

**高橋**　獲って来る情報の精度を上げることはとても大事だと思うのですが、情報そのものの精度を上げる上手な方法ってないですか？

はい、あります。１つは、「**裏を取る**」ということです。つまり、本当かどうか確かめることだけど、具体的なやり方としては、あるところから得た情報を、別のソース（情報源）から、その真偽を確認してみるということですね。

仕事において、「**情報ソースは2つ持て**」ということがよく言われるけど、「裏取りしていない情報」というのは要注意だと思います。

それともう1つは、自分のところで情報を〝濃縮〟して精度を上げる、ということもあります。**さまざまなソースから、同じ観点の情報を集めてきて、情報を分厚くしていくと、精度は上がっていく**でしょうね。

さて、ここでみなさんにあらためて「ウォーキング・アラウンド」という言葉を贈りたいと思います。

この言葉を持って、まず上司のところに出向いて行ってみてください。

「配る」マネジメントという言葉を知らなくても、その意味の大切さがわかっている上司なら、きっとあなたのような前向きな探究心を持った部下を励まして、十分な情報をくれるはずです。

もし、「そんな余計なことをしないで、自分の仕事をしていなさい」と言う上司だったら、**さっさと別の人や情報源へ獲りに行ってください。**

あなたが「獲りに行く」という行動力を発揮して、その集めた情報をよく「配る」ことができるマネジャーなら、あなたの部下は必ず動機付けを高くして、主体性を持って仕事をするようになるでしょう。

POINT
社内外で得た情報と、経営層から直接得た情報を組合わせることで、情報の精度は高まる

# 第4講

# 経営専門能力とキャリアを向上させる

# 1 経営は専門能力であり、人生を通じて磨いていくもの

第4講は、マネジャーとして「キャリア」というものを、どのように理解しておけばよいかについてお話しします。

「キャリア（career）」という英語にはいろいろな意味があって、「職業」とか「仕事」、あるいは「経歴」「履歴」という意味もありますが、もう1つは「成功」とか「出世」といった訳し方も辞書には紹介されています。

ですから、みなさんも「キャリア」と聞くと、ポストを駆け上がっていく昇進のプロセスをイメージするかもしれません。もちろん、それも間違いではありませんが、**私はもう少し広くとらえてもらいたい**と思っています。

そこで今回は、ビジネスパーソンのキャリアを「**職業人生**」という言葉で表現したいと思います。人が仕事をする（職業を営む）ことで時間を重ね、年齢を重ねてゆく（人生）、

という意味合いを込めています。ですから学校を卒業して稼ぎ始め、どこかの時点でリタイアする、その間が職業人生ということになりますね。

みなさんは企業で働く間、必要な能力を身につけ、たくさんの知識を得ます。成功することもあれば、手痛い失敗も経験するでしょう。

それらすべてのことを通じて、人間的な成長を遂げていく、そのプロセスを「キャリア」と呼びます。

ビジネスパーソンであれば誰だって、自分のキャリアを向上させたいですね。会社に貢献して、社会に貢献して、そしてより多くの経済的な報酬を得たいとみんな思っていることでしょう。「私は毎年、年収が低くなっていくほうがいい」なんて言う人はまずいないのではないでしょうか。

会社組織で仕事をする人が、キャリアの向上を考えるときに、とても重要なものがあります。それは「**経営専門能力の向上**」です。キャリアの向上と、経営専門能力の向上は、密接な関係にあります。そして、**この「経営専門能力」を伸ばす基礎となるのが、この本のテーマである「配る」マネジメント**なのです。

世の中の、おそらくすべての仕事において、「専門能力」は必要になります。同じように、「経営」においても専門能力は必要です。

そこでみなさんに聞きたいのですが、**経営が専門能力だということを知っていましたか?** 手を挙げてください。

大半の人が手を挙げていますね。まあ、こうしてビジネススクールに通っている学生なら、知っているでしょうね。でも私の経験から言うと、会社員の人たちの多くは、わかっていないようです。

少なくとも、専門職である医師や弁護士と同程度に、専門スキルが必要とされる仕事だとは思われていないです。

医師が医学の専門的な学校や医科大学あるいは大学院で教育を受けるように、あるいは弁護士など法曹界で働く人が大学の法学部や大学院、ロースクールの教育を受けるように、**経営を志す人は、経営大学院やビジネススクール(MBA)で、専門教育を学ぶ必要があります。**本来、経営の仕事は、それだけ専門性が高いからです。

ただし医師や弁護士は国家試験をクリアして、国家資格を取得しないとその職業に就けませんが、経営者にはそうした〝縛り〟はありませんね。

## 医師や弁護士と経営者の違い

**<医師や弁護士のケース>**

**<経営者のケース>**

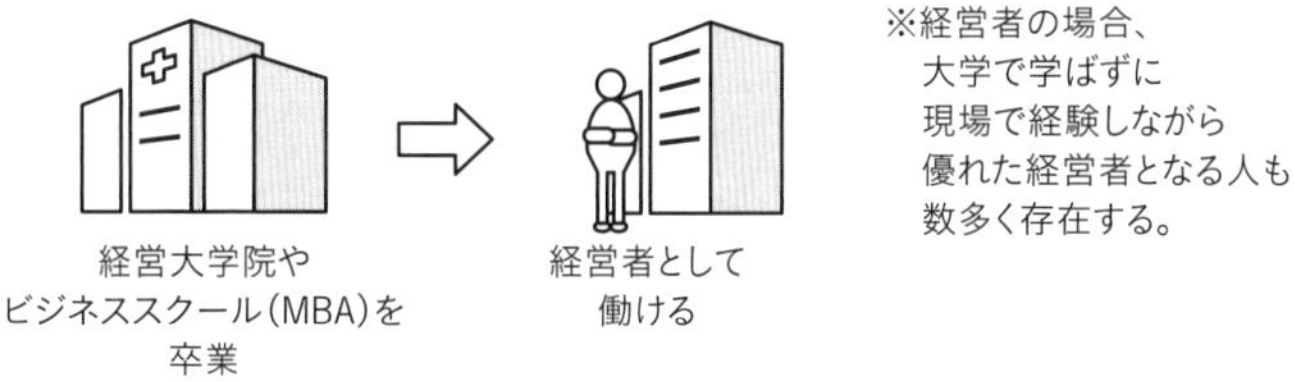

ＭＢＡは国家資格ではなく、学位（degree）です。

仕事をするうえで必須のものを資格と呼ぶなら、経営学修士という学位は必須ではありません。

もっと言えば、経営大学院で学ばなくても、優秀な経営者になれます。ここが医師や弁護士との違いです。

財界の人の中には、「若い経営学者には経営がわかっていない人が多い」なんて言う人もいます。こういう一見、矛盾したコメントが成立するのも、経営に資格が必要ないことを象徴しているかもしれません。

そうは言っても、経営はやはり専門能力なんです。それにふさわしいスキルがなければ、どこかで壁にぶつかることになります。

幸いなことに、経営の専門能力は、自分で勉強しながら身につけることができます。すなわち、**読むべき本を読んで、毎日の職場でたくさんの仕事を経験することによって、身につけることができる**んですね。

国家資格がなくても専門家になれるというのは、そういう意味です。言い換えると、経営は日々の「自己研鑽」「自己鍛錬」で学ばなければいけないものなんです。

ちなみに、あなたのまわりの部下や上司、同僚には、できる人だけでなく、できない人がいてくれたほうがいいんです。「できる・できない」の距離感が自分を磨いてくれるからです。

どういう意味かと言うと、みんなが優秀だと、自分は磨かれないんです。たとえば、できない人がいて、その人を助けたり、指導したりするというのが経営の専門能力を磨くことにつながるのです。

だから「この人できないな」と思っても、**決してその人を軽んじない**でくださいね。組織にはそういう人が必ずいるものなのです。能力や知識レベルがばらばらの人たちとつながって、束ねて、自分の成果を出していくのがマネジメントの本質なのです。

**「職業人生」で必要となるのが「経営専門能力の向上」。その基礎となるのが「配る」マネジメントである**

# 2

## 自分の中にある3つの経営専門能力を活用し、伸ばしていく

先ほど述べた経営専門能力の中身について、具体的にお話ししましょう。142ページの図にある「**コンセプチュアル・スキル**」「**ヒューマン・スキル**」「**テクニカル・スキル**」**の3つからなります。**ちなみにこの呼び名は、ロバート・カッツというアメリカの実務家が名づけました。

**コンセプチュアル・スキルは、仕事を構想し、企画し、戦略を練る力**のことです。

**ヒューマン・スキルは、人々を動かすための人間関係力**のことです。人間関係力は専門スキルなんだと聞いて、驚いた方はいますか？　人間関係力は、身につけるべき「能力」なんですよ。

**テクニカル・スキルは、仕事で要求される専門技術力**です。業務活動に必要な職能的な技術知識を活用できる能力のことですね。技術知識とは、たとえば会計とか財務の専門知識、マーケティングの専門知識、法律や人事の専門知識、会社が扱う製品に関する

開発技術や、その基礎となる科学技術的な知識がこれに当たります。
経営者になるには、この3つの専門能力が必要なのです。

では、この本のテーマである「配る」マネジメントと経営専門能力は、どんな関係になっているのでしょうか。「配る」マネジメントとは、組織の中で分業され、担当している目標を達成するために、「自分の上司」「上司としての自分」「仕事で関連する人々、部下」という関係の中に身を置きながら、目標達成に必要な情報をあなたが獲りに行き、必要なら加工し、そして配ることでしたね。

獲って来た情報をそのまま部下に渡すだけでは、部下の動機付けを上げるマネジメントにならないということをお話ししました。**部下の動機付けを高くするような情報に、上司のあなたが加工しなければいけない**んです。

この「加工」をする際は、自分の得た情報や自分の理解したことを一度整理したうえで、さらに考え、構想し、企画することが必要になりますね。このプロセスを行うときこそ、「コンセプチュアル・スキル」を活用することになるのです。だから、「配る」マネジメントにおいて、コンセプチュアル・スキルは極めて重要になりますね。

また、「配る」マネジメントの目的は、部下や関係する人々の協力を得て、自分が担当

## 3つの経営専門能力

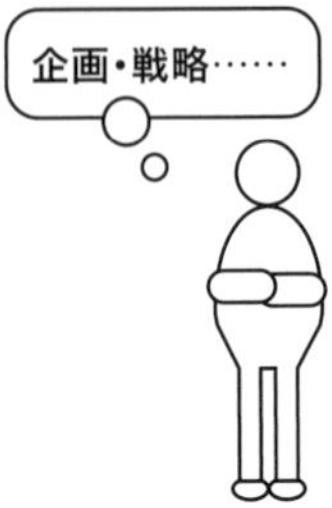


### ① コンセプチュアルスキル

目標達成のために今の業務を
どのように展開していくべきか、
要素と関係について構想し、
企画し、戦略を練る能力

### ② ヒューマンスキル

部下・上司・関係者について理解し、
それらの関係についても詳細に把握し、
目標達成のために
それらの関係を維持、動かす能力

### ③ テクニカルスキル

業務活動に必要な専門知識
（科学技術的な専門知識・
会計財務知識・マーケティングなど）
を持ち、さらにそれらを
適切に駆使する能力

する目標を達成することでしたね。そのマネジメントのプロセスにおいて、随所に人間関係力――「ヒューマン・スキル」を使う必要が生じてきます。だから、ヒューマン・スキルも、「配る」マネジメントに欠かせない要素です。

そして、配る・配らないにかかわらず、あなたが自分の業務を遂行していくには、日常的に、専門技術力や専門知識を活用する力――「テクニカル・スキル」が欠かせません。当然ですが、これがないと、そもそも業務ができないからです。

さらにこのテクニカル・スキルがなければ、部下に情報を配ることも、周囲から獲って来ることも不可能になってきます。だから、テクニカル・スキルも「配る」マネジメントに必須の要素です。

ここで私が言いたいのは、**「配る」マネジメントを日常的に心がけていると、あなたが持つ3つの経営専門能力を活用し、伸ばしていくことにつながる**ということです。

**POINT**

**「配る」マネジメントは、「仕事を企画・構想する力」「人間関係を構築する力」「仕事上の専門能力」の3つの能力を向上させる**

# 3 「配る」マネジメントの実践が経営専門能力を高める

3つの経営専門能力は、どれもマネジャーに必要な要素ですが、すべてを均一に磨いていくことが、キャリアの向上につながるわけではありません。

なぜなら、トップ・マネジャー、ミドル・マネジャー、担当レベル・マネジャーの各階層において、必要とされる割合が異なるからです。次ページの図を見てください。


ヒューマン・スキルは、どのマネジメント階層においても同じく重要です。

しかしながら、組織のトップレベルに近づくに従って、構想力、企画力、戦略力の必要度が増し、コンセプチュアル・スキルが最重要視されるようになります。逆に、担当レベルに近づくと、テクニカル・スキルの割合が大きくなってきます。

このように、**マネジャーの職位によって、活用するスキルの比率が異なることは、みなさんのキャリア向上を考えるうえで重要なカギになります。**

### キャリア毎に必要とされる経営専門能力の比率

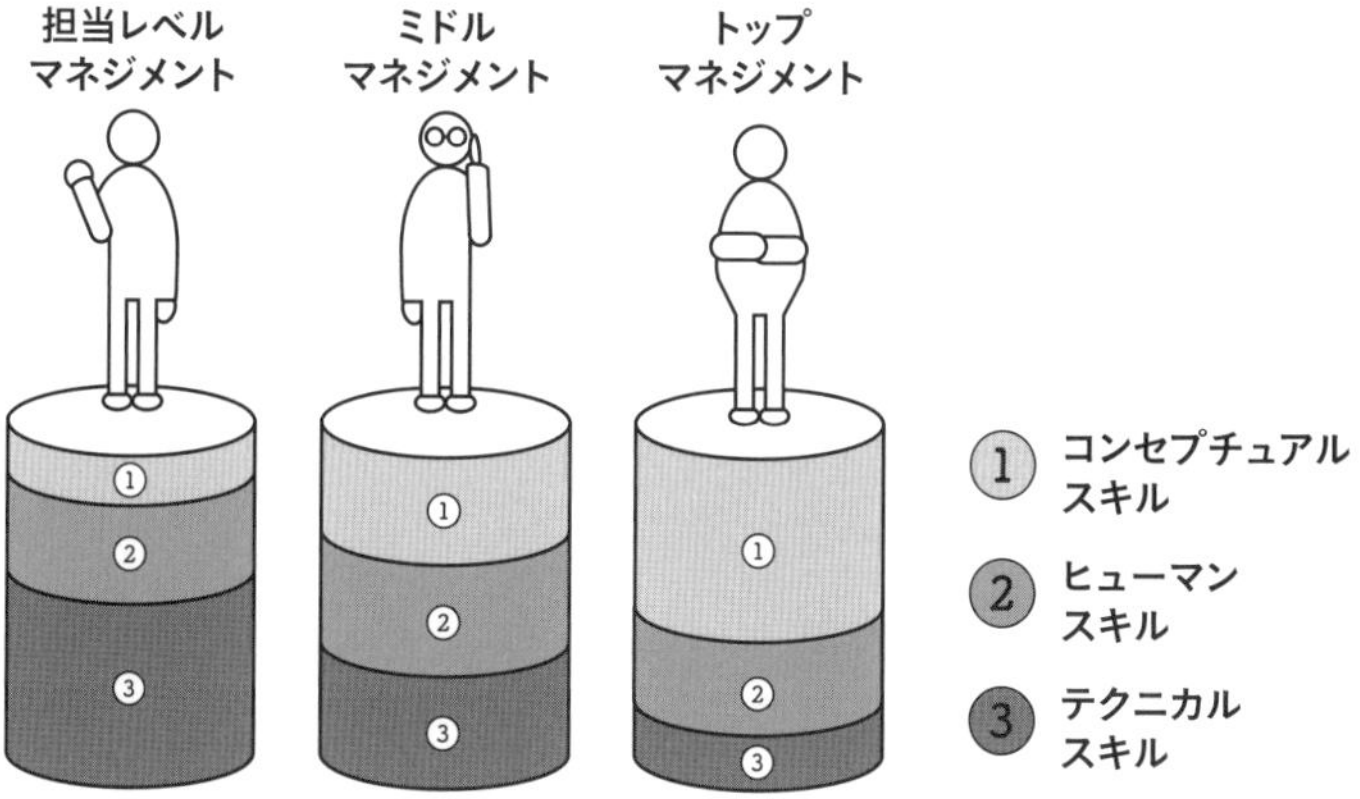


キャリア向上とは、より高いポスト（職位）を獲得することです。ですから、自分が持っている3つの経営専門能力の構成比を、下から上に向けて徐々に変えていくことが重要になってくるわけです。

もちろん、上の職位を狙わないキャリア向上というのもアリだと思います。職位を上げることだけが職業人生のすべてではありませんから。

でも、あなたが組織の中で働いていて、できれば自分の職位を上げて、もっと大きな予算、大きな権限、たくさんの人を動かして、大きな仕事をやりたい、という方向へ動いていきたいのであれば、**自分が持つ3つの能力の構成比を少しずつ変えていかないとダメですよ、**と言いたいのです。

先に、経営専門能力は自己鍛錬で学ぶことができる、と言いました。

会社は、あなたに与えているポストに求められる基本的なスキルや能力については、ピンポイントで研修などを用意してくれるかもしれません。しかし、それらのほとんどは、1日や2日で終わる小規模なものでしょう。

こういうことを言うと、ある方面から反論されるかもしれないけれど、研修ではせいぜい、マネジャーになったんだという自覚を持つことくらいしか、学べないですよ。研修を終えて職場に戻って来たら、また同じことをしているんじゃないですか？　しかも最近では、その程度の研修さえ、以前に比べれば減っていますね。

**経営専門能力は、研修程度では身につきません。医者や弁護士になるのに、1日や2日の研修を数回受けたところで、なれないのと同じ**です。

経営専門能力は、会社に頼るだけでは身につきません。では、どうすればいいでしょうか。自分自身で努力して、身につけるものです。

——こう言うと、「毎日の業務だけで手いっぱいで、とてもこれ以上、努力できない」と言う人もいるでしょう。**でも大丈夫です。通常の業務をこなしながらでも、経営専門**

**能力を高める方法があります。それは、今の職場で日々、「配る」マネジメントをしっかり実践することによって、身につける方法**です。なぜかと言うと、3つの経営専門能力をフル活用しないと、部下にちゃんと配れないからです。

前のところで、「配る」マネジメントは、それぞれの部下の仕事の特質に合わせて配る必要があると言いましたね。上司であるあなたがまず、会社の状況や課題をよく理解したうえで、部下にもわかるような形で説明しないといけません。そのために「コンセプチュアル・スキル」を使うことになる。だから、「配る」をすればするほど、自分のコンセプチュアル・スキルを鍛えることにつながるのです。

また、業務で関係する人々と、どのようにやり取りしていけばよいかを、部下にアドバイスする場合、あなた自身が「ヒューマン・スキル」を発揮しないといけません。

さらに社内、社外のさまざまな人から情報を「獲って来る」際には、ヒューマン・スキルを使いますね。「配る」を実践することで、自らヒューマン・スキルを鍛えているんです。

テクニカル・スキルについても、上司であるあなたのほうが、部下よりも専門技術力において上回っていなければ、あなたが上司でいる意味がなくなってしまいます。だからみなさんは日々、業務の中で努力をしていることと思いますし、新しい技術についてもしっかりと学び続ける姿勢が必要です。ここで質問があるようだね。江原君どうぞ。

**江原**　3つの経営専門能力は、トップに近づくにつれて「比率」が変わってくるというお話がありました。でも、各スキルの「中身」も変わってくるんじゃないでしょうか。

たとえば、同じヒューマン・スキルでも、担当者に求められるのは1対1のコミュニケーション力だけれど、ミドルだとチームを束ねていく力になります。さらにトップに近くなると、組織全体に対してメッセージを発する力も必要になってくると思います。

このように、キャリアが上がれば、求められるスキルの実質的な内容は変わってくる気がしますけど、そこはいかがでしょうか?

**ヒューマン・スキルについて言うと、根底にある部分は変わりません。**根底とは、「人間理解」のことです。人間とは何であるか、人間の本質、人間の成長などに関する深い理解が、ヒューマン・スキルには必要です。

君が言うように、階層が上がるにつれて、場面は変わるけど、**１人に向けて配るときも、１万人に向けて配るときも、根底の「人間理解」の部分は変わらない**んです。つまり、人間についてよく理解をしていれば、１万人に向けて何かをお話することと、１人に向けてお話することは、根底的には同じなのです。

あとは、人数の多い少ないに対応したスキルがくっついていけばいい、というだけです。もちろん、上に行くほど、新たに学ぶべきスキルは多くなるでしょうね。だけど、一番大事なものは根底部分であり、根底部分を下のマネジャー階層にいるときに早めに身につけていれば、その後もずっと使えます。

これは他のコンセプチュアル・スキルとテクニカル・スキルにおいても、まったく同じことが言えますね。

**POINT**

**３つの「経営専門能力」は、マネジャーの職位によって伸ばすべき比重を変えていく必要がある**

## 4

# あなたの3つの「季節」をたどっていく

「キャリアの向上」を目指したい——。これは誰しも願うことでしょう。でも残念ながら、一本調子で上がっていくことってほとんどないんです。

成功だけが続く、なんてことはないし、失敗だけが続くこともない。行ったり来たり、行きつ戻りつです。給料も上がったり、下がったりですよ。現実には、キャリアはまっすぐ上には上がっていかないんです。どこかで挫折もあるし、コースチェンジだって起こるでしょう。だから**向上というより、「キャリアの展開」と言うほうが実情に即していると思います。**

展開とは英語の unfolding のことです。fold は畳み込まれているもののこと。その折り畳んだものを1枚ずつ開いていく、広げていくというイメージ。「時が過ぎて豊かになっていく」という感じです。少し文学的な表現ですね。

このようにキャリアは展開しつつ進んでいくので、上がる下がるでとらえるのではなく「**季節**」と呼んだ学者もいます。ダニエル・レビンソンという人が、『人生の四季』という本で、seasons（季節）という言葉を使っています。

この人はとても丁寧な研究をした人で、40歳から50歳くらいの人たち何十人かのライフヒストリー――「その人生をどういうふうに生きてきたのか」を、かなり丁寧に聞き取り調査をした結果、キャリアは上下の価値ではなく、seasonsの移り変わりと表現するのがふさわしいと言いました。

みなさんのような、30代くらいの年齢層のキャリアが展開していく、その季節の移り変わりはどのようなものなのか、というのを描いてみました（次ページ図参照）。

左から右に向かって時間の経過を書いています。キャリアというのは、**「拡大」→「収束」→「結晶化」という流れで移り変わっていきます。**ちなみに、この図は、ゼミ卒業生の永井裕久さん（筑波大学教授）が１９８７年に書いた修士論文がもとになっています。

「拡大」の時期は、**自分の可能性をさまざまに試し、生きる方向を広げる、**という時期です。この時期は、おおよそ22～28歳です。ただし、個人差があります。「拡大」の時期に、仕事でさまざまなチャレンジをし、よい成果も悪い成果も経験します。

「収束」の時期は、さまざまな可能性を試したあとに、自分の強みと弱み、得意な分野

## 年齢に応じたキャリアの見極め

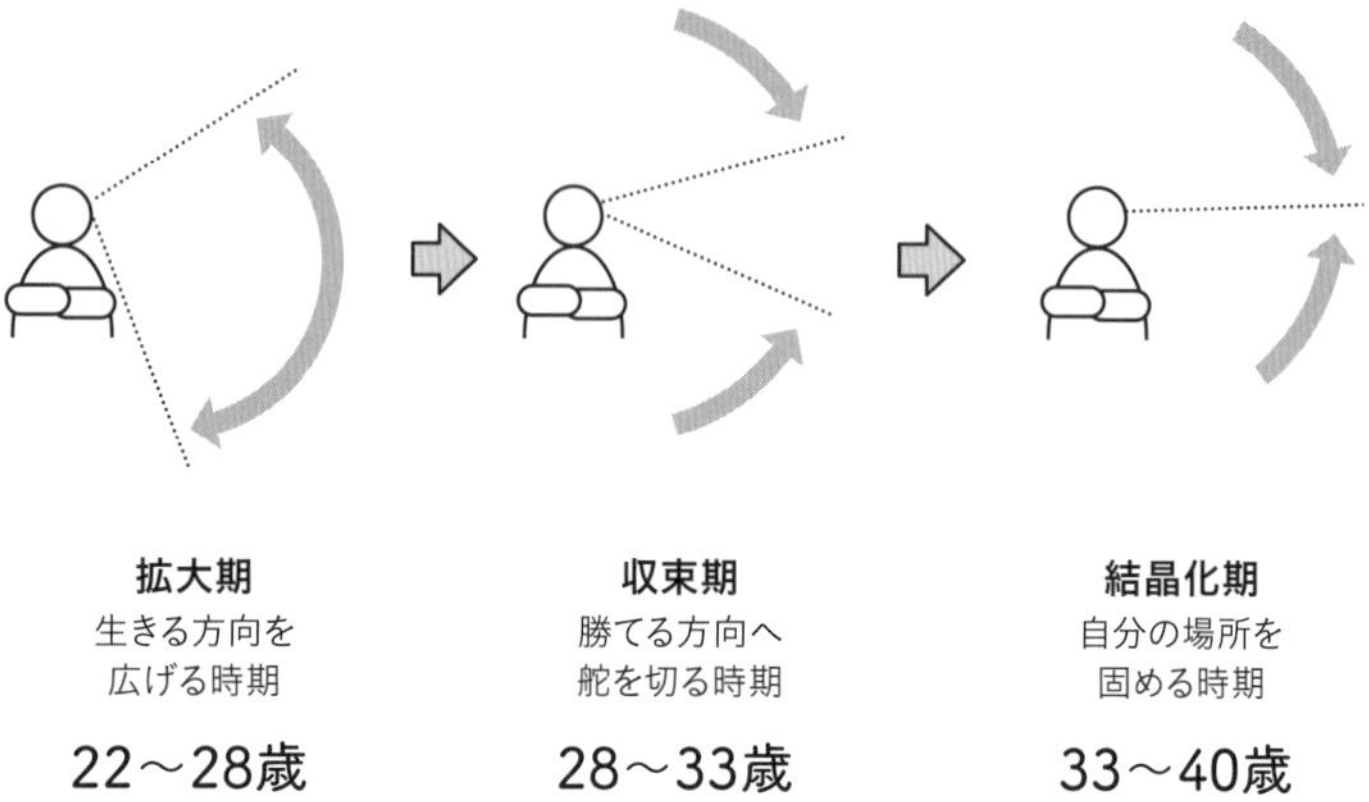


と不得意な分野がわかってくる。

ストレートな言い方をすると、**〝自分の勝ち負け〟が見えてくる**んですよ。「ここならやれる」っていう部分と、「ここへ行くと負けが込む」っていう部分が見えてくる。そして、人間は負ける方向へ舵は切らないものです。だから勝てる方向へ舵を切る。

その「勝てる方向」あるいは「負けない方向」に向かって試した結果、自分らしく、生き生きと活動できる領域に収束させようとします。この時期は、おおよそ28～33歳です。

「収束」の時期は、「拡大」の時期で試したたくさんの結果をもとに、「**これから自分はどうするか？**」という棚卸しをする時期だとも言えますね。

「結晶化」の時期は、社会人になって15年前後経過していて、その後のキャリア、人生に向け、「これでいく」「これでいかざるを得ない」「これがある」「これしかない」という、**気持ちの納めを形成する時期**です。言わば、自分の場所を固め、結晶させる。

気持ちの納め、納得、判断、決心、選択……といった言葉が当てはまるのもこの時期ですね。おおよそ33～40歳に当たります。

**「収束」の時期に自分の棚卸しをして、その結果を持参して先へ進むのが「結晶化」の時期**になりますね。みなさんは「収束」の時期にいるか、「結晶化」の時期に入ったばかり、という人が多いでしょう。

今挙げた3つの時期は、順番が逆になったり、後戻りしたりすることはないんですよ。だから、**みなさんはよりよいキャリアを形成するために、この流れを意識しながら、自分に合った仕事に向き合い、適切な選択をしていくことを心がけてください。**

POINT

キャリアは「拡大」「収束」「結晶化」という3つの「季節」を、年齢とともに変遷する

# 5

## 「配る」マネジメントで自分を知ることができる

当然のことですが、自分に合った仕事への向き合い方、自分にふさわしい方向を選択するうえで**ポイントになるのは、「自分を知る」ということ**です。

ここにおいても「配る」マネジメントが重要になってきます。「配る」マネジメントをしていると、自分を知ることができるんです。言い方を変えると、組織における自らの立ち位置が理解できるということです。

というのも、「配る」マネジメントでは、常に、上司である自分のことをよく知って、それを部下に配ることが必要です。また、自分の上司や、上層部にいる人たちがどんな人で、どんな状況を抱えているのか、会社全体はどんな状況なのかをよく知って、それを部下に配るわけですよね。

さらに、部下の様子をよく知り、部下が置かれている状況を部下に配ります。

これらの「配る」マネジメントができるということは、みなさんがキャリアという季

**節を通過していくうえで、その時々の自分をよく知ることにもなります。**

だからこそ、「拡大」「収束」「結晶化」のそれぞれの季節で、「自分はどうしていけばよいか」という岐路に立ったときに、今やるべきことがわかり、次に来るべき季節に備えた働き方ができるのです。

このことが、みなさんのキャリア、つまり「職業人生」をより実りあるものにしていく要諦になります。

**キャリアの季節に抗って行動すれば、負荷やムダも増えます。**季節に身を任せれば無理なく、よりスムーズにポスト（職位）を上げていきやすいでしょう。そうして職位が上がれば、会社への貢献度も高くなり、より社会に貢献でき、そしてより多くの経済的な報酬を得られます。これが望ましい「キャリアの向上」です。

POINT

**情報を獲り、部下に配る過程で、マネジャー自身の「季節」や立ち位置を知ることができる**

# 6 部下が今いる「季節」を見極めて対応する

部下のマネジメントという観点から、キャリアの季節を見ておきましょう。みなさんの年齢層だと収束か結晶化を迎える時期だと言いましたが、みなさんの部下も、この3つの時期のどこかにいるはずです（152ページの図をもう一度見てください）。

上司であるあなたが収束の時期にいても、部下はまだ拡大期だったり、年上の部下なら結晶化期の人もいるかもしれません。

何が言いたいかというと、**自分と部下ではキャリアの季節が違っているかもしれない**し、また部下たちはそれぞれ異なった時期にいるかもしれないということです。

では、収束期にいる人が、拡大期にいる部下をどうマネジメントするのでしょうか。また、同じ収束期の部下をどうマネジメントするのでしょうか。自分も知らない結晶化期の人をどうマネジメントすればいいのでしょうか。

それぞれの部下に応じて、何か工夫がなくてはいけません。

これの答えは、まずあなたに「季節」の理解があれば、部下を見ているだけで、「この人は今、拡大期だな」とか「収束期に入っているな」と十中八九わかります。

さらに、部下たちの前のキャリア、前の仕事は何をしていたか、どんな成果を出していたか、という情報を入手すれば、ほぼ正確な時期がつかめます。上司はそうやって、**部下の今の「季節」を知ったら、その季節にとくに必要な「情報」を配ってあげるとともに、その季節に必要な仕事に対する向き合い方というものを理解し、支援してあげることがとても大事**なんですよ。


たとえば、拡大期にある若い部下は、仕事において冒険したいと思っているはずです。逆に、結晶化期を迎えている自分より年上の部下がいたら、彼は仕事において冒険はしたくないと思っているはずです。上司は、こうした部下の思考を考慮してあげる必要がありますね。

質問ですね。はい、林君どうぞ。

**林**　たとえば、自分の部下がまだ20代後半くらいなのに、すでに結晶化期に入っていたりする場合、「まだ拡大していいんだぞ、どんどん仕事の幅を広げなさい」といったように指導してあげることが必要なのでしょうか。それとも、本人が望むなら、「この仕事一本でこれから行きなさい」というふうに、結晶化期に入らせてあげるのがいいのでしょうか。

どちらがいいかを言う前に、この場合は2つのことを確認しないといけないんです。

1つは、**その部下が本当に結晶化の時期にいる、と思われる証拠を集めること。もし本当に結晶化なら、本人の仕事ぶりを見ていて、「ハジけない」は**ずなんですよ。つまり、ハジけるようにあの仕事もやり、この仕事もやりというふうに、手を広げていかない状態であるはずなんです。まずは部下の働きぶりを、じっくり観察してください。

もう1つは、**その部下にここ5年くらいの間、どんなことが起こってきていたかの歴史を調べてください。**拡大、収束、結晶化の順番は変わらないから、その人に拡大期があったのか、そして収束期があったのか、というのを可能なかぎり調べてください。

もし過去5年間に、その部下がたしかに大きな重い経験を経ていて、この順をたどっていた、ということがわかれば、結晶化と見ていいでしょう。

でも、もしかしたら、そうじゃない可能性もあります。過去に何かとても大きな出来事があって、「足かせ」のようなものができて、いろいろと自由に仕事ができなくなっているだけかもしれないんです。

**自然に拡大、収束、結晶化を迎えたのではなく、何か大きな要因で、ただ結晶化のような振る舞いに陥っているだけかもしれません。**それで、本当に結晶化だったら、結晶化の時期としての対応をしてあげればいいわけです。

逆に、何らかの事情や出来事によって、結晶化のような様子になっているだけなら、上司であるあなたは、部下のその事情に合った対応をするべきだと思います。

これまでのポイントを整理すると、

**１つめは、キャリアのステージが違えば、ものの考え方が違うことを理解すること。**

**２つめは、自分とキャリアのステージが違う人たちには、日ごろから注意をしていないと波長が合わなくなるから、獲りに行くにしても、配るにしても、彼らに合わせて自分をチューニングすること、**の２つになりますね。

はい、続けて質問ですね。江原君どうぞ。

**江原**　私の経験からすると、今はまだ拡大しなければいけない若い人たちに対して、拡大するチャンスを与えていない会社が多いと思うんです。

昔は、「何でもとりあえず若い人にやらせてみよう」っていう風潮が、職場にもあったと思います。でも今は、そんなおおらかな環境ではなくなってしまっています。若い人はできるだけ早く、特定分野の専門家として育ってほしい、と望む会社が増えてしまったように感じてます。これに対しては、先生はどのようにお考えですか？


うん、それはそのとおりですね。今の会社は、若い人に早くから専門性を求めるようになっています。

これまでの日本企業は、人事異動をくり返して、若い社員にたくさんの仕事を経験させて、ゼネラリストをつくって、組織を編成してきました。

ところが、そういうおおらかな経営の仕方では、今は立ちゆかなくなってしまった。そこで専門性で組織の箱をつくっていくようになっています。それぞれの箱で、専門人材が成果を出していく。で、その専門人材を束ねる専門人材、というマネジャーがいる。そういう組織編成に変える方向に進んでいます。

若い人たちの「拡大したい」というエネルギーをどうすればいいかと言うと、「**専門性**

**の中で拡大してもらう」という方向が望ましい**でしょう。これからは、ゼネラルマネジャーとして拡大するのではなく、たとえば経理として専門性を拡大してもらうなら、経理のさまざまな専門分野を極める方向で拡大していく。

経理の分野を幅広く修めた結果、「この会社の経理の仕事は僕にはつまらない」と彼が思ったら、違う会社に転職すればいいでしょうね。転職も拡大の1つですよ。

ところで、結晶化の時期のあと、**40代を迎えると「人生半ばの過渡期」という時期がやってくる**ことをちょっとお話ししておきますね。これは40〜45歳くらいになります。

年上の部下を持つ人たちには必要な知識だと思います。

この時期は、「自分はこれでやっていく」という結晶化の時期を経てきた人たちです。

このころ、身体の老化に気づき、何でもかんでも積極的に取り組むことは、もうできなくなってきます。

一方で、家庭において変化が起こります。ちょうど育児が一段落して、幼児ではないもっと大きい思春期の子供がいる家庭になる。すると、子育て時代とは違った夫婦2人の関係が始まります。家庭内不和が起こりやすい時期でもあります。

こうして、夫のほうも妻のほうも、家庭や会社以外に自分の関心が向き始める時期になるのです。たとえば、地域の活動などに精を出したりし始めるのがそうですね。仕事以外の自分の人生について、考え始めるようになるのです。

収束期を迎えたばかりの若手マネジャーからすると、40代の人たちとは仕事に対する意識がかなり違っていますから、彼らに対して違和感を感じるかもしれません。

ただその原因は、キャリアのステージが違っているからなんですよ。そのことがわかれば、対応も変わるはずです。うまく連携をとっていく工夫のしようもあるでしょう。

**キャリアの季節、という観点を持つと、人間関係を構築するうえで理解しやすくなるはずですので、マネジャーはぜひ配慮したほうがいい**と思います。

POINT

**キャリアの「季節」を知ることで、自分と異なる「季節」の部下への理解が深まり、接し方や配り方のチューニングが可能になる**

第5講

# マネジャーが知っておくべき人事部の存在と中身

# 1 人事部は何を見ているのか？

第5講は、「**人事部は人を配る**」というテーマでお話しします。これまではマネジャーであるみなさん自身が「配る」「獲って来る」マネジメントのお話でしたから、少し毛色の違う内容になります。

みなさん自身が配られる対象にもなっていることについてお話しします。これもマネジメントに携わる人にとって知っておくべき重要な項目です。

前回の第4講でお話しした「**キャリアの向上**」**を目指すうえで、**「**社内の人事管理**」**についての理解は不可欠**だからです。

さて、そもそも企業活動とは経営資源（ヒト、モノ、カネ、情報）を活用して商品を産み出し、それを顧客に提供していくことです。その経営資源のうち、「ヒト」が組織の中でどのように配られるのか、という内容でお話ししていきます。

組織における「異動」「流入」「退出」

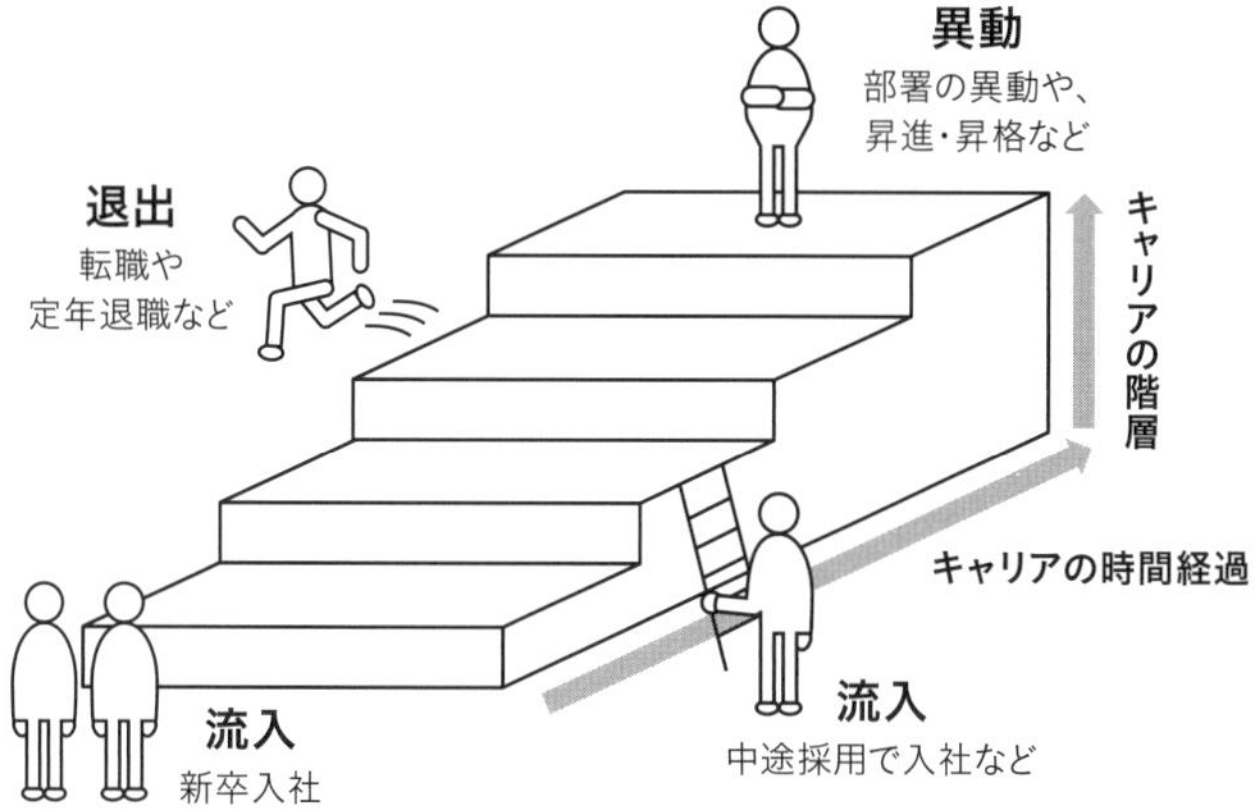


会社組織において、マネジャーが直接、人事管理を担うということは、ほとんどありません。組織の中には、人事管理機能を集中的に担当している「人事部」という部署があるからです。

組織で働く人々は、その会社に採用され、配属され、配属先が変わり、いずれ退職します。人材の流入、異動、退出という言葉でも表現されますね。

配属先が変わるのは、移動ではなく「異動」と言いますね。なぜ「異」なのかというと、**それまでやっていた活動とは「異質」な活動のところに移ってしまうという意味が込められている**からだそうです。

上の図のような組織の階段があるとしま

しょう。異動には2つあって、1つは、昇進とか昇格をして階層を上に上がっていく異動です。もう1つは、左右の方向に部署が変わって仕事が変わる異動です。

組織の外からの人材の「**流入**」もあります。階段の下側から入って来るのは、大学を卒業してまっさらの形で入ってくる新入社員。そして、横から流入して来る人は、一般に中途採用と言われる人たちです。

そして3つめの「**退出**」です。階段の各階層から出て行く人たちのことですね。この退出は、まだ働ける年齢で退出する人もいれば、定年による退出もあります。

そして、こうした人材の流入、異動、退出について、集中的に管理する組織が「人事部」になります。

人事部の仕事は、人材を必要としている組織に向けて、人々を採用し、訓練し、組織内の部署に配属することですね。またすでに配属されている人々を、別の部署に配属して、**なるべく社内で適材適所が行われるように人を移動**（**異動**）**させます。**

このほかにも昇進昇格をさせたり、いろいろな事由での退職を扱います。その事由によって定年退職、自己都合退職、会社都合退職などがあります。

人事部が行うこれら一連の業務のうち、「配属」とか「異動」に関しては、「配る」という言葉がとてもよく当てはまります。

**人事部の側から見ると、読者のみなさんは「配る」対象**なんですよ。みなさん自身も、いつか異動の辞令が出ると思っているでしょう？　マネジャーのあなたも当然、配られる対象です。みなさんは、この事実をいかにとらえて仕事をしていくか、ということを考えることが大事です。

さて、人事部は先ほど言ったとおり、適材適所を実現したいわけです。そのためには、日ごろからあなたを含め、全社員を「見ている」わけです。では、人事部は何を見ているのでしょうか？　これを知っておくことが、マネジャーには非常に大切です。

人事部は人を配るために、日ごろから2つのことを見ています。

**1つは、配る対象である人の「特性」**です。たとえば、「業務能力やスキルのレベルはどうか」とか「人柄はどうか」といったことを見ています。人柄に関してもっと具体的に言えば、「現場でやっかい者になっていないか」「周囲の人からの信望はどうか」といったことを見ているんです。

**もう1つは、人の特性ではない部分、会社のさまざまな部署の仕事を見ます。**具体的に言うと、「社内で行われる業務活動がどうなっているか」といった現状レベルのことから、「今後どんな業務活動が行われるか」とか「職場がどのような人を求めているか、求めるようになるか」といった予測レベルのことまで見ています。

たとえば、社内で新規事業が始まるとしましょう。この場合、人事部は、その仕事ができる人が社内にどれくらいいるかを調べて、集めてきます。もし足りない場合や、あるいはまったくいない場合は、採用活動へと動きます。

こうした人事部の動きを、マネジャーのあなた自身に置き換えて考えてみると、あなたの今の能力や性格と、あなたがやれそうな仕事とのマッチングを、人事部はいつも考えている、ということになるんです。

まとめると、**人事部は、組織全体でうまくマッチングするために、適材適所をいつも考えて、先の2つのことを見ながら、社内のさまざまな部署に「人を配っている」**ということです。

POINT

人事部は、各人のスキルや人柄、社内の組織状況をもとに、適切な「人材を配る」部署である

# 2 「人事」というモニタリング・システムの全貌

先ほど出てきた「適材適所」という言葉は、古くから大工さんたちの世界で使われていた言葉です。何かの建築物を建てるときに、**木材固有の性質をよく知って、一番適したところに使いなさい**という教訓なんですね。

また、江戸時代初期の有名な剣豪である宮本武蔵が『五輪書』の中で、戦いの場における人の配置の重要性を説くうえで、適材適所という言葉を引き合いに出しています。

たしかに、企業組織も企業間競争という戦いの布陣を整えるために、ふさわしい能力とスキルを持っている人材を、それを必要とする組織部署に配属するという点で、適材適所はお似合いの言葉ですね。

人事部は、組織で働くすべての人と、組織で行われている事業のすべてを対象に、相当大がかりな、人を「配る」仕事をしています。質問があるようだね。吉川君どうぞ。

**吉川**　私たち自身が、「配られる対象」であることは非常によくわかります。ただ、私も大きな企業組織に所属する者ですが、これまでの経験から、人事部というのは、ほぼ人を配れていないんじゃないかと思うんです。どちらかと言うと、人事部というのは、社員の情報を収集して蓄積はするけれど、やっていることは部門間で行われる人事的な調整くらいで、あとは採用の事務的な手続きくらいのことです。実質的に人の異動や昇進昇格などを決めるのは部門長だったりとか、カンパニー制の会社であれば、カンパニー長が人事権まで持って決めているところもあります。だから、「人事部が人を配る」という表現が、いまひとつピンと来ないんですが……。

なるほど。君の言っていることはよくわかります。最近は、会社の人事システムや体制が多様化して、従来の終身雇用型の類型から外れる会社も出てきているようです。それに外資系企業になると、ポストの管理の考え方が日本企業と違います。日本のIT系企業などでも、人事に関する現場のマネジャーの裁量が大きいところもあります。また、部門ごとの独立採算制をとるカンパニー制度を敷く企業であれば、従来型とは違う人事管理が必要になっている場合もあるでしょう。だから、人事部についてひとくくりで説明すると、みなさんの会社に即していない可能性もあります。

そこで、今回の講義（章）は、終身雇用を前提とした企業の人事部をベースにしながらも、実際は**「人事部」ではなく、「人事という仕事」について押さえていく**というイメージで講義を聴いてもらいたいと思います。

社内の人事管理の機能や役割、システムを人事部が担っているのか、部門長が担っているのかは、会社によって違いますが、「人事という仕事」は共通していますから。

そして大切なのは、**あなた方マネジャーが、「人事という仕事」の中でモニタリング（監視）されているということを知ること**なのです。

そして、それがみなさんの業務やキャリアにどんな影響を及ぼすか、ということを学んでください。細かいことは、みなさんの会社の事情に照らし合わせて、応用してもらえるといいかなと思います。

**POINT**

**「人事という仕事」への理解が、キャリアの向上につながる**

# 3 本当のところ、人事評価システムはどうなっているのか？

先ほどの人事部の仕事について、人の「特性」――能力やスキルを見るということをお話ししましたが、大企業になるとあまりに社員数が多いので、一人ひとりを詳しく知ることはできません。

そこで、人事部は「人事考課」という評価の物差しを使って測っています。人事考課がどのような制度からなっているかは、会社ごとに少しずつ異なります。でも、ほとんどの会社では「**目標管理制度**」が使われています。この制度は、「目標マネジメント」や「目標による管理」といった異なる呼び名もありますが、内容はほとんど同じです。

この制度を一言で言えば、

・現場で仕事を担当するあなたの目標は、どのようなものに設定されていて、

・その目標をどのように達成しようとし、
・また期末にどのレベルまで達成できたか

ということを、開始から結果までのプロセスも含めて、人事部が情報を集めるという仕組みです。

人事部が集めるといっても、その情報はご存じのとおり、人事部のスタッフが独自に集めるのではなくて、上司を経由して集めます。つまり上司の評価結果が、人事部に集まるわけです。

そのとき、仕事のプロセスや成果(達成度)だけを集めないで、先ほどから言っている**「人物に関する情報」もくっついて集められる**んです。それがみなさんという人材についての大事な測定の「素材」になるということです。

今、あえて「素材」という言葉を使いましたが、**それだけで評価が決まるわけではない、ということを言いたい**からです。なぜなら、わりとアナログな情報がそこにくっついて来るからです。

アナログな情報とはどういうことかと言うと、たとえば、上司が「あの部下はこんな人だよ」ということを、評価の備考欄に書き込むものがあります。あるいは人事部のメンバーが手分けして、年に1回とか数回とか、全社員に直接面談して話を聞くものもあります。これは上司からの報告だけでなく、人事部がダイレクトな情報を入手するためですね。これも「素材」にプラスされます。

最近では、「360度評価」と呼ばれる仕組みを導入している企業も増えました。これは、部下や関係する人々から、各社員の評価数値やコメントをとる、という制度ですね。これも「素材」として人事部は集めます。

**このようにして、社員個人の情報を、仕事の成果だけではなく、人物像も含めて調べていくのが人事部の仕事**です。

ここで質問があるようですね。はい、松野君。

**松野**　以前から疑問に思っていたのが、人事部が人の能力を測るというときに、数値で出ない部分をどのように測るのかなということです。

たとえば前回の講義で先生が紹介された3つの経営専門能力のうち、ポストが上がっていくに従って必要とされる「コンセプチュアル・スキル」なんて、人事部は測定も評価もしづらいと思うんです。では会社は、そういう個人の能力を、どうやって測っているんでしょうか。

君の言うとおり、**コンセプチュアルなスキルの測定は難しい**んですよ。

人事部もそのことはわかっていて、だから現代の目標管理的な発想の世界で言うと、やはり「結果を見て判断する」という結論にならざるを得ないんです。

でも、コンセプチュアル・スキルのように、長い時間的なスパンをとらないと個人の成長度合いが見えてこないような能力は、実質的には測定不可能なんですね。

そこで、本当に重要なポストを担う人物候補を選ぶ際は、「わかる人が見る」という評価を多くの会社がやっていますね。

つまり、「できる人が見て評価しましょう」ということです。まあ、これは古くからあるアナログで泥臭いやり方だけど、人事部で今もかなり行われているやり方ですね。

**POINT**

**人事評価は「目標設定」「目標への取り組み」「目標達成度」に、「人物像」という素材を加えて決定される**

# 4 人事部はどんな人物を最も評価するか？

ここからは、人事部の実態について触れていきましょう。

先ほどお話しした2つの仕事――社員の特性を把握し、なおかつ会社の現状と未来を把握することを人事部が完璧に実践して、社内にベストマッチングが形成されている会社は、最高の会社ですね。

しかし残念ながら、マッチングが100％うまくいっているということは、あり得ません。常にどこかが不十分なのです。つまり「**人事に完璧はない**」ということですよ。

これはなぜかと言うと、**組織の中では常に、どこかで新しい事業活動が進行していて、その仕事を担当するのに必要な能力とスキルを持っている人は、やがて足りなくなってしまうから**です。さらに、その新しい事業活動の展開が速ければ速いほど、「不適材不適所」が日常化していきます。そうなると、人事部はずっと後追いの対処に動いていなければならない状態に置かれます。

その一方、別の部署では事業活動が収縮し、停止し、人が余っています。おもに「旧」と呼ばれる技術や産業がこれに当たりますよね。だったら、**「旧」の事業にいて余っている人を、人の足りない「新」の事業に移せばよさそうですね。でもこれは、そう簡単にはいかない**のです。この現実は、みなさんもなんとなくわかりますよね。

だから、人事の仕事というのは、どれだけ努力しても常に不十分だし、他の部門からの不満を免れない。常に社内のどこかしらで、不適材不適所が発生しているからです。

以上の現状を踏まえて、みなさんにとって、社内の「人事」というシステムがどのような意味を持つのか、考えてみましょう。

まず、現場で仕事をしているあなたのことを、人事部がどのように見ているかを知ることから始めましょう。人事は、みなさんをどんな観点から評価しているのでしょうか。

今までお話ししてきたとおり、人事部は努力しても常に不十分な状況を抱えているわけです。そこで、組織内のすべての人に対して、４つの期待をするようになります。

１つめは、上司から与えられた目標の達成のために、自分の力で向かっていけること。能動的で主体的に働ける人材であってほしいわけです。

2つめは、自分の能力やスキルを、会社に頼らず、自分で上げていく努力ができること。会社や上司があれこれお膳立てしないでも、自分に必要な能力は自分で磨いてくれということです。

3つめは、自分の仕事をいずれ部下に任せられるよう、育成を心がけていること。

4つめは、前の3つのことも含めて、会社の状況と課題を知って、それを踏まえたうえで物事に取り組むこと。つまり、視野を広く持って、会社のことをよく考えて仕事をしてくれ、ということです。

以上の4つを聞くと、みなさんは「ずいぶん都合のいい期待だな」と思いませんか？

そうなんです。結論から言うと、人事部があなたや他の社員に望んでいるのは、「手間のかからない人材」になってほしい、ということなんです。

**「人事部がいちいち手をかけなくても、会社のためになる人材として、勝手に育っていってくださいね」**ということですよ。

**手間がかからずに、能力を発揮し、自己研鑽し、人を育て、会社の問題を自分のことのように思ってくれる人。**そういう人に、人事部や人事システムは、高い評価を与えます。こういう人は早く昇進させますし、より多くの報酬を与える、ということです。

反対に、**会社におんぶに抱っこの人、言われないと勉強しない人、自分のことばかり考える人は、上司がいちいち指導したりフォローしたりする手間がかかる**んですよ。そういう人は、評価が低くなります。

営業成績がよいとか、企画力があるとか、プレゼンができるといった際立った能力があったとしても、よく上司と衝突してトラブルを起こすとか、勤務態度に問題があるなら、人事部としては手間がかかりますよね。

まあ、これは当たり前と言えば、当たり前なんですけどね。業務の遂行能力が高いだけではダメ。手間のかからない人材がいいんです。みなさん、ちょっとがっくりきそうですが、真実はそういうことなんですよ。

みなさんがより高い地位を求め、より多くの給料を求めるのであれば、人事部から見て、「手間のかからない人材」になってください。

**POINT**

**人事部は「自ら目標と課題を発見・設定し、能動的に行動し始める人間」を最も評価する**

# 5

## 「配る」マネジメントと人事評価の関係は？

では、「手間のかからない人間」というのは、どんな人なのでしょうか。どうすれば、そんな人になれるのでしょうか。

ここでまた登場するのが、「配る」マネジメントです。「配る」マネジメントとは、それぞれの部下が担当する仕事においての、

①状況についての情報
②方向性についての情報
③評価はどうであるかの情報
④個別の業務活動についての情報
⑤感情と気持ちの情報

を配り、部下の動機付けを上げることでしたね。そろそろみなさんの頭の中にも定着してきたことでしょう。

ところで、この中で①～④の情報を部下に配ろうとすると、その前に、上司であるあなたは、その情報を持っていなければなりません。もし配るべき情報が手元にないなら、「獲りに行く」ことをしますよね。

**この「配る」と「獲りに行く」を目標達成のためにやり続けるあなたは、人事部からどう見えるでしょうか？　答えは、「能動的に働く人材」なんです。**

それだけ部下に目配りや気配りをして、部下の仕事の成果に対するフィードバックを配り、上司としての気持ちの情報を配ることは、望ましい部下育成をしていることになりますね。

また、経営層、上司、あるいは隣の部門にも積極的に情報を獲りに行くことを通じて、会社の状況と課題を理解し、咀嚼して部下に伝え、目標の達成を図るマネジャーは、そのことが、「**会社の状況と課題を知って、それを踏まえたうえで物事に取り組む**」人であるということになりますね。

いかがでしょうか？　**「配る」マネジメントを実践するマネジャーは、結果的には「手**

**間のかからない人材」にピッタリ重なる**のです。
「配る」マネジメントができるマネジャーは、すでに「手間のかからない人材」になっているんです。そして、そんな「手間のかからない人材」を、人事部は高く評価するということです。

第4講と今回の講義を通じてみなさんに伝えたかったのは、**部下をマネジメントするうえで有効な「配る」マネジメントは、みなさん自身のキャリア向上においても、非常に有効なもの**だということです。

ここで質問があるようですね。児島君どうぞ。

**児島**　人事部というのは、人は配るかもしれませんが、情報は何も配ってくれませんよね。たとえば今年は昇給の幅が大きかったといった場合、自分の何かが評価されたんだろうということはわかります。

でも、なぜ上がったのかは教えてくれない。部課長との面談でも、やんわりと「頑張ったね」としか言われないんですよ。「あなたは同期50人中2番めでした。だからこれだけ昇給します」というふうに、明確な評価を与えてくれたらいいと思うんです。

「配る」マネジメントで評価されるとしても、その一連の動きの中で、人事は何を評価してくれるのでしょうか？

そもそも人事部って評価システムを含めてブラックボックス化してしまっていて、あまり自分たちとは関係がないような錯覚を感じるんです。それが私たちの動機付けを下げてしまっている結果になっていると思います。人事部自身はもっと情報を開示できないんでしょうか？

君の気持ちはわかりますよ。

でも、大多数の会社では、人事考課の結果は開示しないですよね。その理由は、平たく言えば、**評価の点数について説明するロジックが、見つからないから**なんです。評価が科学的でないというわけではなく、点数にする過程や方法自体は、科学的に設計されているはずなんです。でも、人が人を評価すると、どうしても主観がともなうんです。

その主観の世界において、どういうメカニズムで評価されたかは、人事部には伝わってこない。点数しか上がって来ないからです。ぶっちゃけてしまうと、社員に「どうして私は70点なんですか」と問われたら、人事部は「あなたの上司が70点をつけたから」という説明の仕方しかできないんですよ。

もしそれで社員本人が納得しなくて、それ以上の説明を求められても説明できない。そういう説明のしにくさが、非開示の大きな理由の1つではないかと思います。

もう1つの大きな理由として、**「調整」ということが起こるから**です。

ボーナスなどの査定のときによく起こりますが、ボーナスは、上のほうから各部門にファンド（一定額の源資）が配分されていくわけです。現場層で最初に評価する人（一次考課者）が、自分の部署のそれぞれのメンバーをSとかAとかBとか判定すると、それが部門全体で集計されて、各評価の人数がバランスするように調整される。

このように部門レベルで行われる評価と調整が、二次考課と呼ばれます。いずれにしても、**この調整は、部門としての評価のバランスをとるので、その下の部署レベルでの一次考課でSだった人が、二次考課でAに下がったり、この逆も起こったりします。**

その調整も、本人に説明してもなかなか納得が得られにくいプロセス……まあ、言ってみれば、会議の席で政治的なやり取りなんかもあって決まるものなので、その評価は開示されないんです。

ただ、今後はグローバル企業を中心に、全社員を点数でランク化して情報開示するというシステムに変わっていくように思うし、そうなっていかないといけない。評価に客観性を持たせられ、何の「裏」もない人事考課が行われることになると思います。でも、それが働く社員にとって本当にいいシステムかどうかは、今の段階ではまだわかりませんね。

**キャリアというのは、自分で100％選ぶことはできません。先ほど言ったとおり、組織の中に生きる以上、みなさんは「配られる対象」でもあるから**です。

しかし、だからといって、社員が何もできないのかと言えば、そうではない。むしろ、人事という配る側の機能があるから、努力すればそれを評価してもらえる、とポジティブに考えることもできますね。

あなたが自分の評価を上げることができれば、あなた自身の想像を超えるキャリアを人事が用意してくれることもあります。

会社に所属しているということは、マネジャーになっても常にモニタリングされていて、上司以外にもあなたを見ている「人事」という目があって、その目から逃れることはできない。だから、みなさんが「その目」を感じることは大切なことなんです。

**だからポジティブに考えて、「見てくれているんだから、その目にかなう行動をとる」**

**と考えるのがよいマネジャー**でしょう。それには、「配る」マネジメントをしっかりと実践することです。

人を配る側（人事）が何を見て、何を評価するのかは、これでわかったわけですから、みなさんは今後、確実に評価を上げることができるでしょう。

人事から高評価を得ることは、あなたの職業人生を豊かにするということです。

POINT

優れたマネジャーは「会社の状況と課題を理解し、部下と協働する人材」として、人事評価を得る

# 第6講

# マネジャーは職場の危機にどう対応するか

## 1 マネジャーは危機時の身の処し方を学ぶべき

この第6講は、マネジャーの「危機管理」における「獲りに行く」と「配る」をテーマにお話しします。第4講と第5講は、マネジャー本人に焦点を当てて、キャリアと人事をテーマにお話ししましたね。みなさん本人が「職業人生をいかにつくっていくか」という目線でした。今回と次の第7講では、「経営」という視点で見ていきますので、かなり大きい絵を見ることになります。

マネジャーであるあなたは、現場をマネジメントする目線でものを考えますが、それは「企業経営」という大きな枠組みの一部になります。だから、マネジャーたるもの、「現場の目線」と「企業経営の目線」という2つの目線を持たないといけません。

みなさんの中には、**マネジメントの現場において、「危機管理」というテーマを身近に感じていない人も多い**かもしれません。

でも、マネジメントの教科書には、「危機管理」にしっかりと1章を割いて、内容を盛り込むべきだと思います。なぜかと言うと、今の会社組織にとって、「危機」に類するものが起こる頻度、遭遇する頻度が、昔に比べてかなり高くなってきているからです。

危機の頻度が高くなってきた理由は、みなさんのビジネス環境が絶えず変動を起こす「不連続」の時代になっているからです。不連続とは、同じ状況がずっと続いていかない、ということを意味しています。

だから、**マネジャーとして「危機とはどういうものであるか」をまず知っておき、次に「危機のときの身の処し方」も知っておく必要があるの**です。

マネジメントの仕事は大きく2種類に分かれます。

１つめは「**平時のマネジメント**」で、まわりの状況が安定していて、社員が大きな不安を感じることなく、仕事ができる状態でのマネジメントです。

２つめは「**危機時のマネジメント**」で、危険をともなう何か悪い出来事が起こり、社員が深刻な不安を持っているときのマネジメントです。

では、危機時にマネジャーであるあなたは、組織の中で何をすべきなのでしょう？

それを今回お話ししていきます。

まず、「危機」の定義をしておきましょう。危機には「大きい危機」と「小さい危機」とがあります。ですからこの2つに分けて考えます。

**大きい危機とは、「会社経営」の危機**です。つまり、会社全体の危機ですね。そして**小さい危機とは、マネジャーが責任を持っている「職場」の範囲における危機**です。

今の時代では大きい危機が頻繁に起こるようになっています。

たとえば、2011年の東日本大震災と、それにともなう福島原発事故は、多くの企業を危機に陥れました。また同じ年に、タイのバンコクで大洪水が発生し、多くの現地の日系企業の工場が操業停止に追い込まれました。

翌年の2012年の夏には、世界経済の中心地であるニューヨークをハリケーンが襲って、都市機能を麻痺させてしまいました。また同じ年、中国で反日デモが激化し、複数の日系企業が襲われたり、日本製品の不買運動が展開されたりしました。

それ以前にも大きい危機は頻繁に起こっています。たとえば2008年のリーマン・ショックがそうです。そこから世界同時不況が生じ、多数の企業が経営難に直面し、倒産したところも多く出ました。2010年には欧州金融危機が表面化し、現在でも世界において金融危機の火種がくすぶっています。

このように、**今では、企業の経営を揺るがす「大きい危機」が毎年のように起こる**ようになってきています。だから、マネジャーの「危機管理」を考えるうえで、大きい危機に際していかにマネジメントをするかは、外せない要素になっているのです。

次に、「小さい危機」についてですが、これは、あなたがマネジメントする職場の範囲内で起こる危機ですから、これはもう、さまざまなものがあります。職場で事故や爆発が起こるとかいった物理的なものから、職場の人間関係の悪化（部下どうしの関係悪化、上司と部下の関係悪化など）といった心理的なものまであります。

そしていずれの危機も、職場の業務活動のレベルを低下させ、機能不全に陥れる危険性が大きいです。**上司であるあなたには、自分がマネジメントする職場の危機を防ぐことも、大事な仕事の１つ**なのです。

POINT

**マネジメントには「平時」と「危機時」のマネジメントが存在する**

# 2

## 「会社は環境変化に適応できているか」を判断する視点

「平時」におけるマネジメントは、上司であるあなたが「獲りに行く」「配る」をくり返すことでした。その「配る情報」の中身を復習すると、

**①状況に関する情報**
**②方向性に関する情報**
**③評価に関する情報**
**④個別業務に関する情報**
**⑤気持ちと感情に関する情報**

を部下に配るということでしたね。では、危機時のマネジメントでは、どのようになるのでしょうか。これを理解するためには、「危機時の会社の経営活動」について、次の

2つの情報でとらえる必要があります（この枠組みは、ゼミ卒業生の高田朝子さん（法政大学教授）の2002年の博士論文にもとづいています）。

1つめは、「会社経営の環境適応状態についての情報」です。これは、「わが社の経営はどのような状況の中で、どのような考え方でなされているか」ということを規定する情報です。

2つめは「個別業務手順についての情報」です。「個別の仕事ごとに、仕事はこうするべきだ」という業務のやり方や手続きに関する情報になります。

この2つの視点で見てみると、①〜④の「配る情報」は、次のように分類できます。

まず、「会社経営の環境適応状態についての情報」は、①状況に関する情報と、②方向性に関する情報と、③評価に関する情報になります。

すなわち、会社はどのような状況にあり（①）、どのような方向へ向けて経営活動を行い（②）、その方向へ向かう活動をどのように評価するか（③）、という会社経営の環境適応状態に関わるわけです。

次の「個別業務手順についての情報」は文字どおり、④個別業務に関する情報になり

## 会社経営の4つの状態

| | | 個別業務手順が | |
|---|---|---|---|
| | | 維持されている | 無効である |
| 会社経営の環境適応状態が | 健全である | **定常状態**<br>全社の業務が<br>期待どおりの進行 | **一部危機状態**<br>一部の業務活動が<br>危機に直面 |
| | 不全である | **硬直化状態**<br>硬直化した業務が<br>そのまま進行 | **全社危機状態**<br>全社で経営活動が<br>危機に直面 |

ます。「現場で具体的に仕事はこうするべきだ」というやり方や手続きに関するものですね。

さて、「会社経営の環境適応状態」と「個別業務手順」の分け方を使って、危機時と平時とを説明していきましょう。

まずは上の図を見てください。両軸とも「ある」「ない」で2分割しています（もちろん、「ある」「ない」の2分割は、説明しやすくするための単純化です。実際は、それらを両端とする連続的な度合いです）。

**「会社経営の環境適応状態が健全である場合」「会社経営の環境適応状態が不全である場合」**の2つ、そして**「個別業務手順が維持されている場合」「個別業務手順が無効である場合」**の2つ、合計4つのケースに分かれていますね。この４つのケースの意味について説明しましょう。

まず、「会社経営の環境適応状態が健全である場合」は、**あなたの会社が環境の変動にきちんと適応して経営がなされているよい状態**ですね。たとえば、政治経済の変化や市場の変化、技術の変化、競争状況の変化、自然環境の変化などについて、きちんと対応できている。この場合、会社組織は「統制がとれている」状態になります。

一方、「会社経営の環境適応状態が不全である場合」は、**あなたの会社が変化に適応できていない経営状態にあり**、「整合性を持って組織が統制されていない」状態になります。

そして、「個別業務手順が維持されている場合」とは、**現場で仕事のやり方が正常に行われていて、期待される生産物を計画どおり出せている状態**になります。

逆に、「個別業務手順が無効である場合」とは、**そのやり方が正常に行われなくなったり、役に立たなくなったりしていて、期待される生産物が出せない状態**になります。

POINT

「環境変化に対して適応しているか」と「個別業務が維持されているか」の２軸で、会社の経営状態を判断する

# 3 会社が危機に陥るケースは2つに分かれる

先ほどの194ページの図を見てください。通常の状態の会社は、「定常状態」「硬直化状態」の2つのどちらかになります。

会社経営の環境適応状態が健全で、現場での業務手順が正しく維持され、ごく普通に業務活動が進行しているのが「**定常状態**」です。

逆に、環境適応状態が不全であるにもかかわらず、現場の業務はそのままなされているのが「**硬直化状態**」です。

硬直化状態は、経営全体として環境の変化に対応しておらず、「時代遅れ」になっているのに、業務だけが昔とまったく変わらずになされています。これを「危機」と呼んでも間違いではありませんが、表面化して自覚されている危機ではありません。

この硬直化状態については、次の第7講でお話しするので、ここでは表面化して自覚されている危機についてお話ししましょう。

危機に陥っている会社は、「一部危機状態」「全社危機状態」の2つのどちらかに置かれています。先の図を見るとわかるとおり、会社が危機に陥るときは、「個別業務手順が無効になっている」ときであることがわかりますね。一方で、「環境適応状態が不全である」だけでは、表面的には、危機に陥らないこともわかりますね。

「一部危機状態」「全社危機状態」では、もちろん後者のほうが危機のレベルが大きい「重症状態」なわけですが、まずは「一部危機状態」から説明しましょう。

たとえば、ある限定された地域で自然災害が起き、その地域内に会社の営業所や工場があって、そこでの業務ができなくなった場合は、「**一部危機状態**」に当たります。なぜなら、会社の一部だけが災害の影響を受けているからです。

また、あなたの仕事に関連する領域だけで、システム事故が起こった場合も「一部危機状態」に当たります。会社の一部だけが事故の影響を受けているからです。

これらのとき、会社全体としては、環境に適応した健全な経営が進行しています。ある現場や、ある職場だけが、業務の遂行に支障をきたしているわけです。

ところが、「**全社危機状態**」になると、会社全体が危機に陥っています。たとえば、会社の中枢や経営拠点のほとんどが災害に巻き込まれたケースがそうです。また、大きな技術革新や大きな不況に会社が見舞われたケースもそうですね。
この状態になると、**全社が環境不適応となって、その直前までの業務手順はほとんど無効となってしまいます。**最近では、大災害を想定したＢＣＰ（事業継続計画、Business Continuity Plan）と呼ばれる緊急時の業務手順が定められている場合がありますから、この状態はＢＣＰが発動されるときです。ここで質問があるようだね、植木君どうぞ。

**植木**　私はメディアの仕事をしていたので、メディアの注目を浴びることで会社が大きな影響を受けることを、たびたび見てきました。たとえば、テレビで自社の悪いニュースが報道されれば、いきなり１００万人以上の人に知られてしまうわけです。でも、企業はそのようなメディアの力をよく知らないまま、メディアの取材を受けていることが多いように思います。悪いニュースが報道される場合、これはかなりのリスクですよね？

君の言うとおりですね。たとえば社内の不祥事、リコール、製品不具合、食品に何かが混入した……といった全社的な危機が起こったとします。
その際のメディア対応は、とても重要になってきます。この場合、取材対応をするのは末端のマネジャーじゃなくて、かなり上層部のマネジャーの役割となりますが。いずれにせよ、**危機時にメディアに対してどういうふうに説明をしていくかというのは、すごく重要な仕事**です。

みなさんは、「**メディアがつくり上げるストーリーがある**」という事実を知っておいたほうがいいですね。これは科学的な論理ではなくて、読者や視聴者が納得しやすい方向に、情報を編成していって「わかりやすいストーリー」をつくるんです。だから「作為」も入っている。「**作為ゼロの報道」というのはあり得ない**のではないでしょうか。

ひとたび報道されると、そのストーリーが独り歩きをして、当の会社には、なかなかそれを制御することが難しくなります。

せめてできるのは、何とか風評被害のようなものを最低限に封じ込める努力をして、世の中の信頼を回復する地道な努力を続けていくことですね。

POINT

**会社の危機には「一部危機状態」と「全社危機状態」の2つがある**

# 4 危機時に「獲りに行く」ものと「配る」もの

これから、危機時に「獲りに行く」ものと「配る」ものは何か、を考えていきます。

まず第一に、自然災害や事故といった危機の場合、**真っ先に自分の身の安全を確保して、危機対応マニュアルを使って目の前の危機に対応することが大事**です。

そして自分の安全が確保できてから、まわりの人々の安全を確保してください。東日本大震災のときにも指摘されていましたが、**自分の身の安全を優先することは、実際の危機に直面するとなかなかやらない**のです。

しっかりと肝に銘じておきましょう。

さて、危機時におけるマネジャーの心得とは何でしょうか。

何かが起こってマネジメントの対象となる現場が混乱していても、それが「一部の危機」であれば、会社の方針や考え方は、普段と変わらずに維持されているはずです。通信手段や交通手段を工夫して、会社の状況を確認するために、経営上層部に向けて情報を「獲りに行く」ことができます。同時に、現場の情報も「配る」ことができます。獲りに行く情報の中身は、「**経営上層部は今までと同じ方針と考え方で経営を続けるのか**」「**多少なりとも一部を修正して経営するのか**」という**情報**です。そして、それを部下に「配る」必要があります。

ここで質問ですね、篠塚君どうぞ。

**篠塚**　自然災害とか製品事故は「大きい危機」ですが、私がいた会社は、日常的に「小さい危機」が起こって対処に追われていた気がします。

毎日のように小さい危機が起こりますが、私の上司はそれをむしろ歓迎していて、「そういうときこそ人は成長できる」なんて言っていました。

そこでわざと、若い人をそういう危機が起こったときに投入して、人を育てる場として活用していました。

私はそれを見て、「危機って会社には必要なことなのかな」なんて思っていました。先生はどう思われますか？

うん、おそらく君の会社は業務の性質上、そうした小さい危機が短い間隔で起こってしまう業種だったのでしょうね。

でも本来、危機は起こっちゃいけないんですよ。でも、**おそらくその上司は、その危機対応に取り組むことで、自分が成長してきた経験がある**んでしょうね。だから、**危機を利用して部下を成長させる機会にしている**わけだ。

でもその危機は「コントロール下にある危機」なので、業務の中にその危機が組み込まれてしまっている、と言ったほうが正しいと思いますね。

職場全体としてはその問題に対応できるノウハウがあり、実際は個別業務手順がストップしないわけですから。

ところで、危機対応を教育の場にするという話に関して、１つ興味深い事例があるので紹介しましょう。

ある鉄鋼メーカーの人から聞いた話ですが、製鉄所の高炉は、日本にまだ何基かあるのですが、現在の製鉄所では新規の高炉建設が行われることはなくなっているそうです。

それで、「ゼロから高炉をつくる技術」が、鉄鋼メーカーの中でも伝承させられなくなってきているそうなんです。仕方がなく、定期点検などが技術伝承のかぎられた機会になっていると。

そんな折、1995年に阪神・淡路大震災が起こって、神戸にある高炉がかなり壊れたそうです。それを聞いた他社が、全社を挙げて補修工事の応援に行ったんですって。なぜかというと、高炉建設業務をそこで練習することができるからです。多くの社員がそこへ駆り出されて、すごくいい勉強になったという話です。

POINT

危機時に獲るべき（＝配るべき）最も重要な情報は、会社経営を「現状維持するのか、あるいは修正を加えるのか」の1点

5

## 「人間関係の悪化」という危機にどう対処するか

ここで、「職場の人間関係の危機」についてお話ししましょう。ここまでお話ししてきた危機とは、質的に異なっていますね。「人災」による危機と言えます。

**人間関係の悪化は、お互いの気持ちがすれ違う、お互いの認識がズレている、お互いにわかり合えない**、というときに生じます。

会社が環境適応した健全な経営で業務活動を進行してはいても、みなさんが担当する職場における業務活動が、「人間関係の危機」によって、あるべき手順で進行されていない状態になります。これは「一部危機状態」に当たりますね。

ではマネジャーは、これについてどう対処すればいいのでしょうか?

まず、**人間関係が悪化してから気づくのではなく、その手前から気づくことが重要**です。人間関係の場合は、事前の対応が可能なのです。

## 基準値「インデックス」を立てて異常を見つける

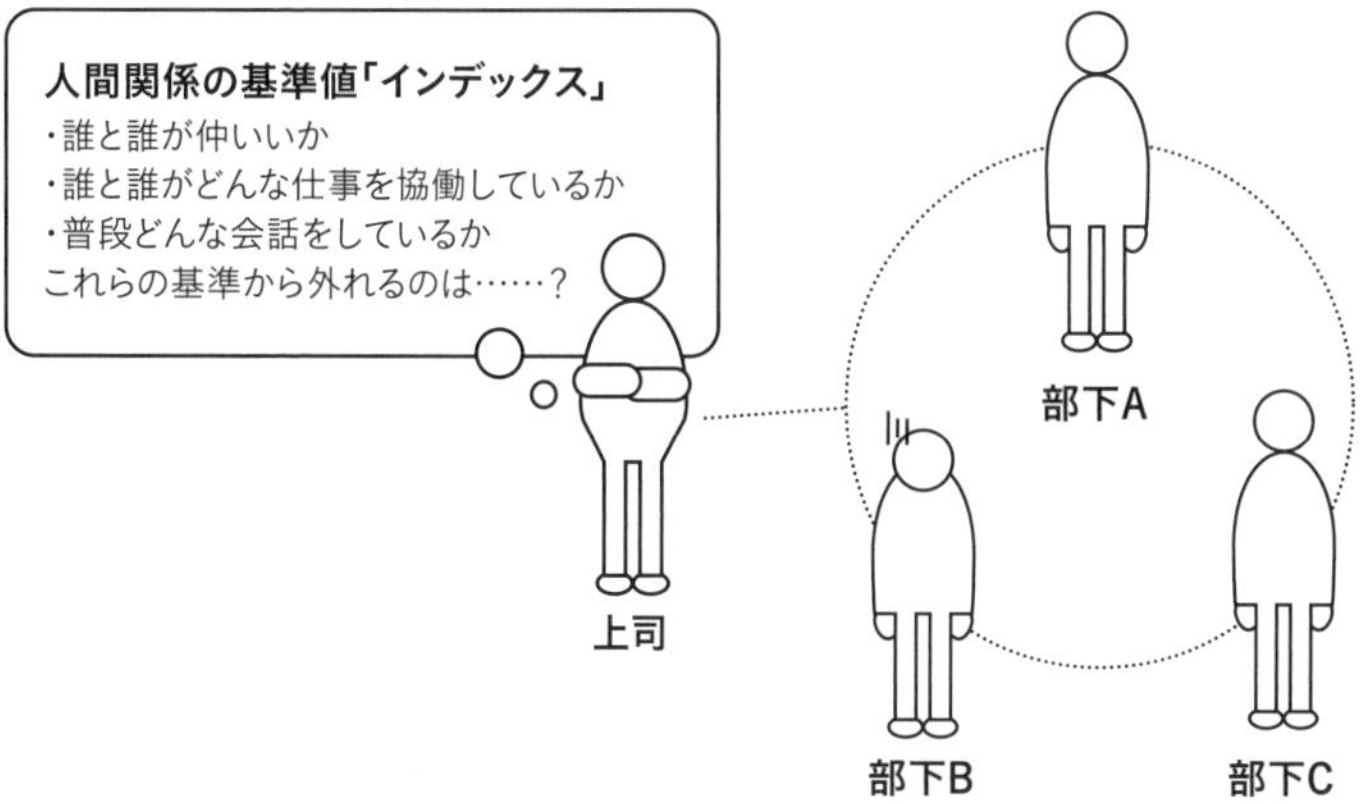


そのためには、「自分と部下、あるいは部下どうしの人間関係がどんな状態なのか」を、部下のところへ情報を「獲りに行く」ことで、日常的に把握することが大事です。つまり、「**人間関係をモニタリングする**」ということですね。

ただ、「直接的モニタリング」をしてもあまり意味がありません。つまり、「君たちさ、今日は人間関係いい？」なんて部下に聞くのはナンセンスだということです。人間関係の情報は、本人から直接の情報がとれないんですよ。だから、間接的に情報を獲りに行く「**間接的なモニタリング**」をする必要があります。

**間接的なモニタリングとは、「職場の人たちの人間関係がどうであるか」を知るた**

**めの基準となる「インデックス（指数）」を立てること**です。

マネジャーは普段から、「誰と誰がどう関わり合っているか」「どう会話しているか」を職場で見てください。これを「職場の定常状態」としてとらえ、「人間関係のインデックス」としてあらかじめ持っておきます。定常状態のインデックスを持っていれば、職場でインデックスからズレている要素に気づくことができます。マネジャーは、インデックスとの「変動幅」をキャッチできるよう日ごろから職場で心がければいいのです。

これは「品質管理」と似ている考え方ですね。すなわち、正常な製品の基準（インデックス）を持っていて、それから外れた製品があれば気づくわけです。これが間接的なモニタリングになります。

さて、不幸にして、マネジャーであるあなたが、「人間関係の悪化」に気づいた場合、どうすればよいでしょうか。**これは、第2講でお話しした、部下の動機付けを上げ、生き生きと仕事ができるための「配り方」を実践する**のです。**適切に情報を配れていれば、人間関係の悪化というものは起こらないか、最小限ですむ**ものなのです。

マネジャーのあなたは今一度、情報を部下に丁寧に「配る」ことができているか？　どこかに不十分さがあるのではないか？　そうしたことを点検してみてください。

ところで、１つ言っておくことがあります。それは上司であるあなたが、部下よりも上手に自分の感情のコントロールができて、「精神的に安定しているか」ということです。そうなれるよう、日々努力と工夫を行ってください。上司の給料は部下より高いですが、それは**「感情のコントロール」という分も含めて、多くもらっている**のですから。

ただし、マネジャーの努力と工夫があっても、人間関係の悪化が改善しないときがあります。それは、**特定の部下が人間関係の悪化の源になっているケース**です。そういう場合は、マネジャーの努力だけでは改善しませんから、早めにあなたの上司には相談しておくべきでしょう。

なぜなら、その問題の源となっている人は、あなたのマネジメントのあり方とは無関係に、感情を悪化させたり、性格を悪化させたりしているからです。もしかしたら、今の職場に異動してくる以前に、何らかの「故障」を起こしていたことも考えられます。

こうした個人の人物的問題の場合は、みなさんの上司に相談に行くべきです。なぜなら、これは人事配属の問題でもあるから、あなたの上司は知る必要があるのです。この相談とは、情報を上司に「配る」ということになりますね。

１つ懸念があるのは、上司に相談することを、あなたが躊躇するかもしれないということです。「**自分の部下の人間関係をマネジメントできていない**」**ことを上司に報告するのは、あなたの評価を下げられる恐れがあるから。**

しかし、特定の部下が源となった「人間関係の悪化」をマネジメントできないいまま、その影響を受けてあなたの部署全体の業績が悪化したときは、上司はマネジャーであるあなたの評価を下げます。

だから、あなたがマネジメントできない人間関係の悪化は、早めに自分の上司に報告したほうがいいのです。さて、ここで質問があるようですね。はい宇野君。

**宇野**　前職の会社の上司が、人間関係を悪化させるようなマネジメントをわざわざしていたんです。具体的に言うと、部下どうしを思いっきり競わせる、ということをしていました。その上司は常に、「人との比較」でモノを言うんです。「同僚のアイツができてるのに、お前はできないの?」みたいな感じで。

そうすると当然、同僚どうしに感情的なしこりができてしまい、当事者としては嫌な気持ちになります。ただ、その上司が手がけるプロジェクト自体はうまく行っていました。先生、こういうやり方ってどうなのでしょうか?

ああ、なるほどね。それは、部下の人たちにとって精神的な負荷がかかるやり方ですね。ただ、プロジェクト自体はうまく行っているなら、経済合理性という観点で評価すると、そんなに悪くはないマネジメントでしょうね。

ただし、部下たちが長期雇用をされているのであれば、そのプロジェクトが終わっても、その職場にいるわけです。そうすると、そのプロジェクトが終わったときに、**「感情をお互いに害している」というマイナスの副産物ができている**ことになります。

それを引きずったまま、次のプロジェクトに参加すれば当然、悪影響が出ますね。だから長期的に見れば、そのマネジメントのやり方は悪い、という結論になります。

日本の会社の大半は長期雇用という枠組みをとっています。だから、人間関係がこじれたら、片方の人にどこか別の職場へ移ってもらう、ということになるでしょう。プロジェクトの終了ごとにそんな配置転換が必要になるなら、会社から見て面倒ですよね。

**POINT**

**チーム内の人間関係にインデックス（指数）を設け、逸脱する要素を見逃さない**

## 6 危機時こそマネジャーは明るく振る舞う

第6講の最後に、「危機時の『不安』との戦い」についてお話ししておきましょう。「配る」マネジメントの大事な要素に、「感情と気持ちを配る」ことがあります。では危機時に、どのような工夫で、あなたの感情と気持ちを部下に配ればよいでしょうか。

マネジメントという観点から言うと、「**悲観的な判断基準で仕事をし、明るい気持ちで活動する**」ということが大事です。

悲観的に仕事をすると、悲観的な気持ちになるのが人の常です。そこで、悲観的な基準で仕事をして、でも明るい気持ちで動こう、ということを提案したいのです。

これは難しいことだけど、上司はそれをやらなければいけないんです。

**危機時には状況が状況なだけに、上司の仕事の基準や考え方は、悲観的なものになります。でも、気持ちまで落胆しているところを部下に見せると、部下にも「落胆を配っ**

**てしまう」ことになる**んです。

それによって、部下の気持ちをますます不安にしてしまうのでしたら、ダメな上司になってしまいます。

活動するときの上司の気持ちが明るければ、部下たちは逆境の中でも何とか歯をくいしばって上司について来るでしょう。だから上に立つ者として、「悲観的に判断し、明るく行動する」ことが大事なのです。

ここで質問が出ましたね、はい松野君どうぞ。

**松野**　「悲観的に判断して明るく行動する」って理屈はわかるんですが、これは正直なところ、普通の人にはなかなかできないですよね。私の場合、もともとかなり悲観的な判断はできるタイプなんですが、それがやっぱり顔に出てしまうし、行動に出てしまっていると思います。そういう自覚もあります。

これを何とか、表に出ないようにする方法はないでしょうか。

それは訓練をするといいと思いますよ。

実際に、広く使われている訓練方法で、結構効果があるんですが、「今、まずいぞ」というときこそ、鏡の前に立つんです。

**やばいときは、自分の顔が硬直しています。**これは鏡を見たらすぐわかります。鏡で自分の顔を見て、笑顔をつくるという訓練をするんです。つまり、**無理やり笑顔をつくるということ。**そうすると、**「ああ、今まで自分はテンパってしまっていたんだな」ということが客観視できます。**

人間って、笑顔を見ると気持ちが和らぐんです。だから、鏡で自分の笑顔を見て、外側から笑顔の刺激を自分の中に入れるんですよ。

もう1つ、テンパっているときって、身体の姿勢が前のめりになっているものです。だから、そういうときは**自分の背中をまっすぐに伸ばして、ゆったりした姿勢にしてください。**やり方としては、椅子に深く腰掛けて、背中をくっつける。これだけでも、身体の余計な力が抜けてリラックスできますよ。

さらに、すでにパニックに陥っているときは、不思議と息を吐かなくなってしまっていることが多いです。息は吸い込むけれども、大きく吐き出せないんです。だから、**意識的に、息を大きく吐き出してみると効果があります。**

以上の3つを実践すると、悲観的な状態でも、気持ちを明るくすることができます。

これは**全部、筋肉動作をともなっていますね。自分を明るくするときは、言葉よりも筋肉を使う**のがおすすめです。

ところで、「悲観的に判断して、明るく振る舞う」という行動を、テレビ番組で見たことがあります。アメリカのある地域を巨大な竜巻が襲ったとき、あるアメリカ人家族がその模様をホームビデオに収めていたんです。

その家族の住居に竜巻が近づいてきます。家の外に出ると、風が強くなってきています。そこでお父さんは、「家が吹っ飛んでしまうだろう」という、あえて悲観的な判断をします。それで家の地下室に逃げようというときに、そのお父さんが家族の様子を記録に残そうとビデオを回し始めるんですよ。普通はしませんよね、そんなこと。

その映像には、お父さんがすごく明るい声で「いいか？　これはピクニックじゃないんだぞ。これで、残しておくぞ。このおうちが飛ばされちゃうかもしれないから、これは家族の記録だから残しておくぞ」と言って、ニコニコ顔で撮っているんですよ。

地下室で家族みんなで避難しているときも、「いいか、みんな。こうやって家族が一緒にいれば、みんな安全だぞ。いいか？　パパを信じて！」なんて言ってるんです。

そして、実際に家は轟音とともに飛ばされていきます。竜巻が通り過ぎたあと、家族が地下室から出てくると、お父さんは「家がなくなっています。空しか見えません」なんて明るい声で言うんです。「これがみんなの家がなくなった空だ。綺麗だな！」とか言っています。

最後にそのお父さんが、テレビ番組でインタビューされていました。「なんでそんな危険な状態なのに、ニコニコ顔でやったんですか？」とインタビュアーに質問されたとき、お父さんは「いや、こういうときは、悲観的に判断して、明るく行動しなきゃいけないっていうのを私は知っていました」と答えていました。

第6講では、「危機が起きたときにどうするか」ということを学んできました。危機が起こったときのことを学べる機会は3つあります。

1つめは、**経験から学ぶ**ということ。2つめは、**自分ではない誰かがやっている危機対応を見ることで学ぶ**こと。3つめは、**すでにわかっている危機対応のやり方を書物などで学ぶ**ことです。

ただし、危機を経験から学ぶというのは危険過ぎます。危機状態にあえて身を投ずることはおすすめできません。たとえるなら、飛行機のパイロットが墜落時の対処法を、墜落から学ぶことはありませんよね。必ずシミュレーターで疑似体験して学びます。

だから、危機対応は経験ではなく、過去に起きた危機についてよく整理されて書かれた文章や、講義から学ぶのがよいでしょう。

みなさんがマネジャーをやっていると、小さい危機には必ず遭遇するはずです。さらに、大きい危機にだって、みなさんの職業人生の中で必ず、一度や二度は遭遇することでしょう。そのとき、**しっかりと部下の方々を引っ張っていってください**。そして、会社にとって、最善の行動を起こしてください。

マネジャーは危機時にも、マネジメント力を発揮することが求められるのです。

**POINT**

**危機的状況の時こそ、上司は「悲観的に判断し、明るく行動する」**

第7講

# 優れたマネジャーは変革とイノベーションを目指す

# 1 変化への適応に遅れると会社は死んでしまう

会社は、お客様に商品を販売し、利益を上げることで成り立っています。お客様に商品を購入していただき、お客様に満足していただくには、ニーズの変化に敏感に対応し、新しい商品を提供していかなければなりません。

つまり、会社は、「**お客様の変化を知ること**」と「**新しい商品を提供すること**」を絶えずやらなければ、存続していくことができないということです。

会社組織は、取り巻く環境が変化すれば、その変化に適合し、順応していく必要があります。そのためには、社員の一人ひとりが自分自身を変えていかないといけません。そして最近では、「変化」のスピードがどんどん速くなってきています。

この変化への適応とか、適合とか進化のことをひっくるめて、「**変革**」と呼ばれています。そして、この変革のときに、**何か新しいものをつくり出すことが**「**イノベーション**」と呼ばれています。

## ゆで蛙のビジネスマン

鍋(会社や組織)が少しずつ
熱く(危険に)なって
きているにも関わらず、
すぐ動き出さない
鍋(会社や組織)が
沸騰(危機的状況)したときに
気付いても、
既に間に合わない


環境の変化(顧客の変化)には、社会、経済、政治、文化など、さまざまな要因が背景にあります。そして、環境の変化に合わせて、会社自体も自らを「自己変革」しなければならないわけです。これができる会社は変化においても生き残るし、できない会社は生き残れません。

しかし、自分で変われない会社もあります。その理由は、人間は変化に「鈍感」だからです。これについて、「ゆで蛙」のたとえ話で説明しましょう(上の図)。

鍋に水を入れ、生きている蛙をその中に入れます。コンロに火をつけて、ごく弱火で加熱していきます。水の温度がほんの少しずつしか上がらないので、蛙は水温の上昇に気づきません。そして時間がたって、蛙はゆであがり、死んでしまいます。

このたとえ話が警鐘を鳴らしていることは、**会社がよほどしっかりと「環境変化（お客様の変化）」に敏感になり、常に新しい商品の提供をしていないと、市場で取り残され、経営が行き詰まりますよ、**ということです。

このように、組織はうすうす「何か」に気づいたとしても、ついつい今までどおりのことをやろうとします。そして時間がたって、変化に取り残されていることに気づき、大慌てをすることになります。

一言で言うと、「うすうす気づいているのであれば、変革をおやりなさい」ということです。そして、先に延ばせば延ばすほど、問題は大きくなります。

**損得で言えば、損が大きくなる。リスクで言うなら、リスクが大きくなる。だから、「変革」は、それが小さいうちに、さっさとやることが要諦**なんです。

**POINT**
会社は、絶えず「市場の変化への察知」と「新しい価値の提供」を行い、リスクが小さい内に変革を行う必要がある

## 2 会社に変革が必要なとき、マネジャーはどうするか？

会社が変化に適応できている状態と、できていない状態は、第6講で紹介した図表中の「定常状態」と「硬直化状態」で分類できます（194ページ図参照）。

定常状態とは、会社経営が環境に適応できている健全な状態です。個別業務の手順が維持され、期待どおり進行しています。

反対に硬直化状態とは、会社経営が環境に適応できておらず、不全の状態です。組織内において、硬直化した業務がそのまま進行しています。先ほど紹介した「ゆで蛙」とは、この硬直化状態を指すのです。

硬直化状態を具体的に言うと、**お客様のニーズが変化しているにもかかわらず、従来のままの商品を提供しようとして、従来のままの仕事がなされている状態のこと**です。

この状態は早急に「変革」が必要で、「イノベーション」を実践する必要があります。

硬直化状態は、社員が気づかないうちに、徐々に危機が進行して深刻化している状態なので、「危機」の状態でもあるのです。

問題なのは、**多くの社員が、危機であることに気づかず従来のまま業務を行っているのか、それとも危機に気づいていても従来のまま業務を行っているのか**、のどちらかということです。みなさんは、どちらが「罪深い」と思いますか？

気づいているのに変革を起こさないのが罪深いのだろうか。気づいていないなら、罪は浅いと言えるのだろうか。

どちらが罪深いにせよ、環境不適応の状態が長く継続していくと、会社の収益がだんだん低下していって、いずれ赤字になって経営が行き詰まるでしょう。

では、「変革」が必要な時期において、マネジャーはどうすべきでしょうか。

それなりに大きな会社の一員として、マネジメントに携わっているミドル・マネジャーの場合、会社全体の経営を左右する立場には、直接的に立ってはいないわけです。だからといって、ミドル・マネジャーにやるべきことがないかと言うと、まったくそうではありません。当然のことながら、会社経営が危なくなれば、みなさん自身の身も危なくなるからです。

企業組織に身を置くということは、**会社全体の経営に対して「命を預けた状態」であることを意味します。**会社からお給料をもらって生活している社員は、会社に「依存」した状態で仕事をしているわけです。

だから、**「そのお給料が出てくる大本がやばくなるかもしれない」**という発想を持たないといけないんです。

「持ったからといって、どうこうできるわけではない」という意見もあるでしょう。たしかにそういう面はありますが、一概には言えませんよ。

「ゆで蛙」になってみすみす死ぬよりは、マネジャーが「変革」に向けて動くほうがいいじゃないですか。

**現場で働く末端クラスのマネジャーでも、人生が会社に依存している部分が大きい以上、やはり環境の変化と「変革」について考えないといけない**と思います。

**POINT**

**マネジャーは会社に「命を預けている」という意識を持ち、組織の硬直化に対する危機感を常に持つ**

# 3 会社の硬直化状態と危機を察知する力

マネジャーは、自分の会社の「状態」に気づいていないといけません。

では、「会社が環境変化に適応できていない」「お客様の変化に十分対応できていない」ということに、どうやって気づくのでしょうか。

マネジャーにとって、これはなかなか難しい問題です。

**会社の中のほとんどの仕事は、「目標」がすでに設定されていて、それに向けて活動内容が決められています。**

マネジャーは、それをやっていくことが日常の仕事であって、環境適応などに思いを馳せなくても、目の前の業務はこなしていけます。別の言い方をすると、そうすることを会社から求められているわけですね。

さらに言うと、目の前の仕事を熱心にやればやるほど、「目の前のこと」しか見えなくなって、より大きな環境変化が見えなくなってしまいます。

もしみなさんの会社が環境変化に適応できていないとしたら、どうなるでしょう。

この場合、**マネジャーのあなたが従来の「個別業務手順」どおりに働いているなら、あなた自身も「硬直化状態」にあることを意味します。**

だとすると、何らかの機会に、何らかの場面で、あなたはそれを自覚し、気づくはずです。つまり、「硬直化状態を自覚する場面」があるはずです。

どんな場面で自覚するかというと、まず「配る」マネジメントをするときに気づき、自覚するはずです。

「配る」ときには、「部下の仕事がどのような状況にあってどのような意味を持つか」ということを説明しますよね。そして、あなたは部下に説明をするとき、

- **部下の仕事がどのような状況で必要となり、**
- **その仕事は会社としてどのような価値があり、**
- **それがどのように評価されるか、**

という情報を部下に「配る」ことになります。つまり、説明しなければならないのです。

この際に、**あなた自身がさまざまな矛盾や疑問を感じて、「変だな」「何かおかしい」**

## 「獲る」過程と「配る」過程で生じた疑問点から危機を察知する

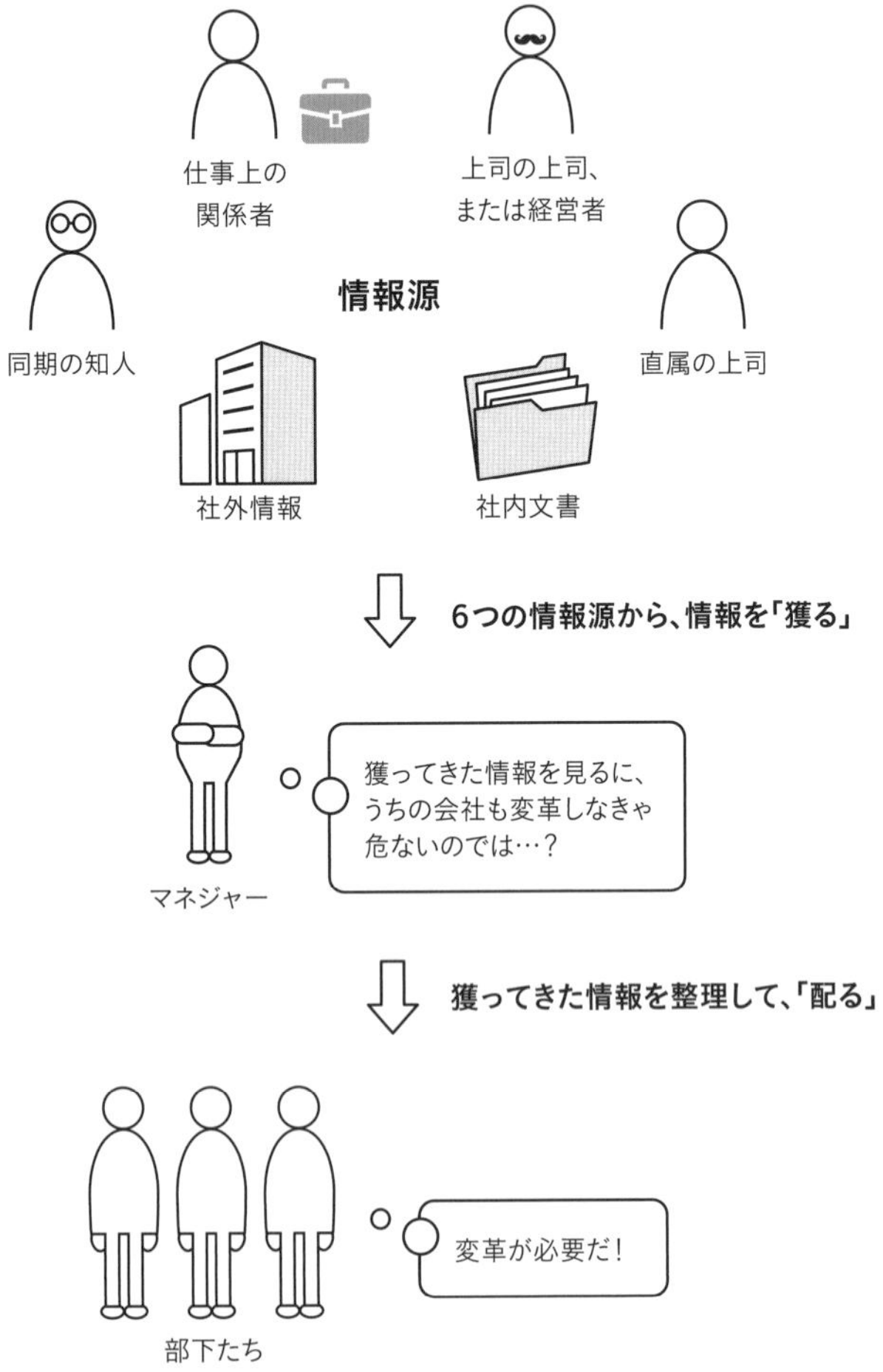

**という気持ちを持つことになる**でしょう。

自覚する場面は、もう1つあります。第3講でお話しした、**会社の現状と課題を「獲りに行く」とき**がそうです。

「この会社の現状がどうであるか」とか「自分の担当する仕事の目標が、より大きな目標の下でどのような位置付けにあるか」という情報は、自分の手持ちの情報だけでは足りません。そこで、上層部とか社外のどこかに獲りに行きますね。そのときにわかるのです。

「会社の上層部の人々の考えはどうなのか」「社外の人々は自社をどのように見ているか」をあなたが知れば、会社の経営状態が健全とは言い難く、どこかに問題を抱えていることに気づくことができます。

このように、**あなたが「配る」マネジメントを行っていれば、必ず自社の「硬直化状態」や「危機」に気づくはず**なのです。

POINT
「獲る」と「配る」過程での疑問点が危機察知の第一歩

## 4 人はなぜ変革を恐れ、抵抗するのか？

環境不適応に気づいたとしても、人はなかなか動きません。

今やるべき仕事は目の前にあって、その仕事を進めている今現在も、別段、会社の経営が悪くなっているわけでもない。「**お給料も通常どおりに出ているんだし、慌てることもないだろう**」とたかをくくって、異変を感じながらもいつもどおりに仕事をする人が、会社の中にはとても多いのです。

自分で異変や危機感を感じながらも、何も行動を起こさない理由は2つあります。

1つは非常に簡単で、すでに書いたように、会社の中のほとんどの仕事は、目標がすでに設定され、それに向けて活動が決められているからです。**多少の矛盾や疑問を感じても、決められた業務をそのとおりに進めていくことが求められているから**ですね。

もう1つはやっかいな理由です。「人が動かない」ことの本質はこちらだろうと私は

## 変化に対して、人は壁を感じる

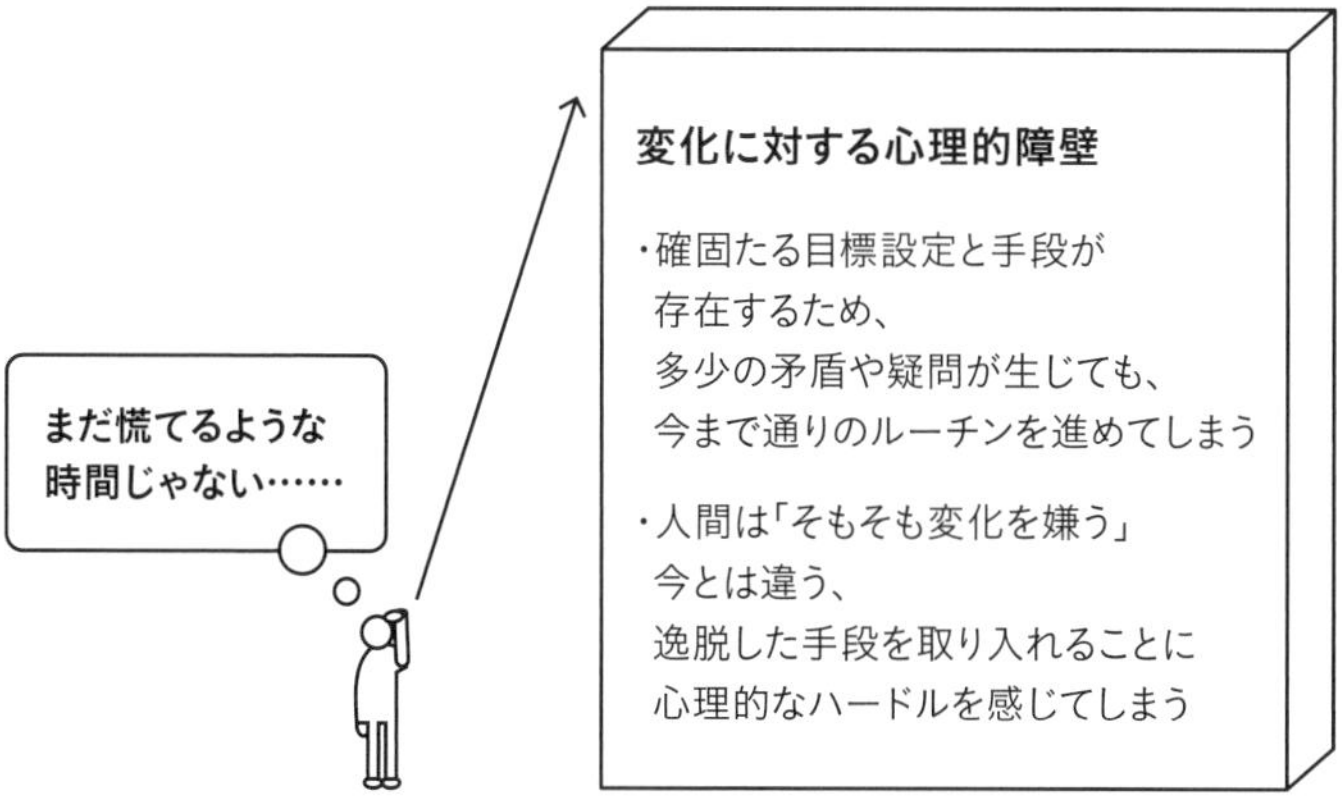
まだ慌てるような
時間じゃない……
変化に対する心理的障壁
・確固たる目標設定と手段が
存在するため、
多少の矛盾や疑問が生じても、
今まで通りのルーチンを進めてしまう
・人間は「そもそも変化を嫌う」
今とは違う、
逸脱した手段を取り入れることに
心理的なハードルを感じてしまう

思います。それは「**そもそも人は変化を嫌う**」からです。

「今やっていることではない新しい何かをやる」ということは、何らかのハードルを越えないといけません。

今やっていることは慣れているし、安心しているし、先が読めますよね。「**こうすればこうなっていく」ということが見えている**んです。

新しいことをやると、「こうなっていく」ということがわからない不安とか恐怖があるわけです。だから人は、会社の環境不適応について「自分には関係ない」と思い込み、なかなか変わろうとしないし、組織を変えようともしないのです。

このように、**人は変化を嫌い、目の前に迫る「危機」を「自分には関係ないこと」にしてしまう「変化への抵抗」が存在します。**そしてこの抵抗が、会社組織の「硬直化状態」に拍車をかけることになります。

つまり、会社が「硬直化状態」になる根っこには、そこで働く人たちの「変化を嫌う」という抵抗が存在していることを理解しておいてください。

では、どうすれば人は変化を受け入れるようになるのでしょうか。

それは、**「変化を嫌う理由」がわかっているので、その理由を逆手にとって、「やらざるを得ない」状況に持っていくことに尽きます。**

**つまり、「変革」とは、社員を新しいことにチャレンジしていくように仕向ける活動のことな**のです。

当たり前のことですが、現場に近いマネジャーには、「変革」を主導する権限やパワーはほとんどありません。組織の末端でマネジャーをしている人は、組織全体に蔓延する「ゆで蛙」現象を一掃するパワーを持つ人ではありません。

そのパワーを持つのは、経営上層部の責任者たちです。だから、彼らこそやらないといけない。会社の「ゆで蛙」現象にメスを入れ、変革を実施するのは彼らの仕事です。

それを実施しないで任期を終え、辞めていく経営層の方々はたくさんいます。大企業のトップはよく、「自分の任期中に、新しいことをしてほしくないんだよね」などと陰に陽に言います。

なぜかと言うと、**自分の任期中に「変革」せざるを得なくなって、その「変革」が失敗したら、責任を問われるから**ですよ。「変革」を断行して、わが身に火の粉が降りかかるのが嫌なのです。

もし経営層がこういう「動かない人たち」なら、あなたの会社はかなり悲観的な状況に立たされています。もしかしたら、そのまま寿命を迎えるかもしれません。あるいは他社に買収されるなどして、もっと大きな環境変化が訪れることになるでしょう。

**POINT**

**人には（そもそも）変化や新しいことに対する「壁」が存在する**

# 5

## いざ変革に直面したとき、あなたはどう動けばよいか？

経営上層部が自ら「変革」を主導して、何らかの「変革活動」が動き始めたとしましょう。このときあなたは、**「自身のキャリア」がどうなっているかを自覚する必要があります。**会社が「変革」するとき、マネジャーや社員たちに何らかの影響が及ぶからです。

変革活動において、従来型の仕事に代わって、新しい仕事が現れます。もしあなたに「新しい仕事」ができないとなれば、あなた自身が不要になります。だから、あなた個人も変化に適応できなければなりません。

「変革活動」が会社内で展開されるとき、「変革」を推進する人々（推進派）と、それに反対する人々（反対派、あるいは守旧派）が生じることがよくあります。

反対派は、もっともらしい理由を掲げて反対しますが、**その抵抗の源は、自分が必要とされなくなることへの恐れから来ています。**会社がある新しい方向に「変革」されようとするとき、推進派は反対派を懐柔して、推進派に取り込んでいく必要があります。

だいたいにおいて、最初は変化への反対や抵抗が大きく、反対派の比率のほうが高いものです。だから最初は何も動きません。推進派は、少しずつ賛同者を増やしていかなければなりません。ここにおいて、マネジャーのみなさんにとって大事なことは、「変革」の中で不要人材とならないために、**常に自分の能力を磨き、社内外の変化をよく知り、新しいものへの準備を怠らないようにする**ということです。

それができていれば、たとえ今のあなたの業務が不要になっても、別の業務でやっていける能力が身につき、生き残れるはずなんです。そのために必要なことは、毎日の仕事において、「配る」マネジメントを怠らないことに尽きます。獲りに行くことと配ることをすればするほど、新しいことを知り、乗り越え、身につけることになります。

POINT

マネジャーは、変革の中で「不要な人材」となる前に、変化を察知して自分の能力を磨くことが重要

## 6 人の意識改革に効果的な「解凍」というプロセス

会社の変革は、どのようなステップで進むのでしょうか。これに関して、みなさんにも知っておいてもらいたい有名な理論があります。

変革ステップの踏み方は、**「解凍→変革→再凍結」**という進み方をします。これはクルト・レヴィンというアメリカの心理学者が提唱した理論です。これについてわかりやすく説明していきましょう。

組織は、最初からいきなり「変革そのもの」（新しい経営のやり方、新しい仕事のやり方）を導入することはしません。

上層部の誰かがいきなり、「新しくこれをやりましょう」「これは合理的で他社もやっていて、間違いなく効果が上がるものです」「世の中はこっちに向いて動いてます」などと言っても、変化への抵抗があるので、すぐにまわりに受け入れられないし、納得してもらえないんです。

そこで真っ先にやるべきことは、

**・なぜ会社に変革が必要なのか**
**・変革によってどのような新しい方向へ向かうのか**
**・それによって会社は、社員は、どのように新しいよいものになるのか**

という理解を、全社員が持てるようにする活動になります。

これを「解凍」と呼びます。解凍とは、凍って固くなったものを温めて、解かして、やわらかくすることですね。**会社の固い状態をやわらかくして、「変革」の必要性を理解してもらい、新しい状態を思い浮かべられるような柔軟な意識になってもらう**ということです。

ですから、「解凍」とは、社員の意識改革活動のことになります。

意識改革（解凍）が進んだならば、その後ようやく、「変革」そのもの（新しい経営のやり方、新しい仕事のやり方）が組織に導入されます。

**会社の「解凍」が十分になされていれば、「変革」を受け入れる状態ができているはずです。**

そして、導入された「変革」(新しいやり方)を実際に行うことで、そのやり方を定着させる。これを「再凍結」と呼びます。

以上、「解凍→変革→再凍結」の理論を説明しましたが、これをマネジャーのみなさんが知っていれば、自分の会社で経営改革が進行するときに、その流れを知って、今どのようになっているかを理解する手助けになるでしょう。

また、あなたがもし「変革」を主導する側の一員、たとえば改革プロジェクトのメンバーになったなら、そこでのあなたの仕事をよりよくするための手助けにもなります。

はい、質問がありますね。児島君どうぞ。


**児島**　会社がそのレヴィンのモデルのとおり改革をやっていけたら、理想的だなと思います。

でも現実には、多くの会社では「ゆで蛙」状態のまま気づかずに、ぎりぎりのタイミングになって「変革」をやらざるを得なくなります。

その結果、「解凍」に十分な時間をかけられないのではないかと思います。長く時間をとれない以上、「変革」とは、危機感をバネにしてスピーディーにやらざるを得ないのではないでしょうか。

たとえば大手電機メーカーが象徴的ですが、彼らは「変革」をせざるを得ない状況に追い込まれてから「変革」に手をつけていますよね。

現実には、君の言うような会社も多いよね。

でもやはり理想は、**「変革」の必要性を感じた時点で、十分なリードタイムをとって「解凍」をやるべき**です。

たしかに、危機がいよいよ深刻になってくると、社員も「このままだと会社が倒産するかもしれない」って思って、「変革」に抵抗する力が下がってきます。

だから、**危機を道具にして、変革を突破することが、１つの手法のように言われることもあります**。

でも私から見ると、経営が深刻化してから手を打つのでは遅いと思います。

経営に余裕がないから、打てる手もかぎられてくるし、たくさんの社員がリストラなどで犠牲になりますよね。「それがよいやり方なんですか？」という話です。

危機を「変革」のドライバー（推進力）に使う手は、理屈としてはあると思いますが、決して優先的に使うようなたぐいの手段ではないと私は思っています。

ここで社員の意識改革活動である「解凍」のポイントについて、もう少し説明しておきます。「解凍」を理解するうえでとてもわかりやすい言葉があります。

それは第2次世界大戦における真珠湾攻撃を指揮した連合艦隊司令長官、山本五十六の次の名言です。

**「やってみせ、言って聞かせて、させてみせ、ほめてやらねば、人は動かじ」**

これは第一フレーズで、本当はこのあとにも言葉が続きますが、この第一フレーズが一番ポイントを突いていますね。

この言葉の意味するものは、人を動かすには1つの方法だけではダメで、いくつもの方法をくり出して、ようやくうまくいく、ということです。しかも、言葉だけでなく、やっているところを見せ、実際にやらせ、それをほめる。これが大事であると述べているのです。

人間は、説明するだけでは、ほんの少しのことしか伝わらないんですよ。たくさんの言葉を尽くして説明しても、心の底で納得してはくれないものです。だから「解凍」も、くどくどとやらないといけないんです。言葉で解説して、説明するだけで解凍がうまくいくということは、まずないでしょう。

だから、言葉だけでなく、やっているところを見せ、実際にやらせて、そしてほめる。つまり、身体を動かさないといけない。

**人に意識を変えてもらうには、**行動させることも必要です。そして**その行動を評価しないといけません。このくり返しが人々の意識を変え、「解凍」につながります。**

POINT

組織の改革は、「必要性を理解させ」「変革を導入し」「再度定着させる」という3ステップを踏む

# 7
## 「配る」マネジメントでイノベーションを起こす

先ほど述べたように、あなた自身が変革の主導者になることはないでしょうが、変革を主導する側の一員となることはあると思います。たとえば、前にも述べた変革プロジェクトのメンバーとして選ばれ、変革チームに加わるのがそうです。

変革チームは、会社の硬直化状態を「解凍」し、そこに具体的な変革（新しい経営の方向性、そこに向かう新しい仕事のやり方）を入れ、社内に広め、定着させ、再凍結をする活動をします。

そのために、「変革」を行う人たちは、仕事のやり方を新しくし、**新しいものをつくり出す「イノベーション」という活動を行います。**

イノベーションはとても大きなテーマなので、短い時間で説明するのは難しいのですが、私が考える次の3つのレベルに分けて簡単に説明することにします。

**・レベル1　「あるもの」から「あるもの」をつくる**
**・レベル2　「あるもの」から「ないもの」をつくる**
**・レベル3　「ないもの」から「ないもの」をつくる**

レベル1は、すでにあるものに、少しだけ変更を加えて、すでにあるものと似た新しいものをつくることです。よくよく考えると、レベル1は本質的なイノベーションには当たりません。現状に微調整を加える方法ですから。

レベル2は、すでにあるものに大きく変更を加えて、今までなかった新しいものをつくることです。レベル2のイノベーションは、社員の大きな努力が求められます。

レベル3は、今までなかった新しい考え方をつくり、それを使って今までなかった新しいものをつくることです。レベル3のイノベーションは、事前の想像を超えるような、大きな努力が必要です。**本質的なイノベーションとは、このレベル3になります。**

さて、もしあなたが改革チームに加わり、イノベーションを起こす活動をすることになったら、どのようなレベルのイノベーションを追求すればよいのでしょうか。

それは、**イノベーションを起こすための予算、時間、人員という「リソース」がどの**

**程度あるかによって決まります。**

イノベーションはリソースがあって起こせるものなので、当然、用意するリソースの規模によって目指すレベルも決まってきます。そして当然ながら、レベル3がリソースの量を一番必要とします。

イノベーションのリソースを考えるうえで、大事なことがもう1つあります。それは、**経営トップ（社長や役員など）が「変革」にどこまで関わってくれるか、というコミットメントの度合いのこと**です。

経営トップの支持のない「変革」は、基礎工事が不十分な建築と同じでうまくいかないものです。だから、イノベーションに取り組むに当たって、トップの支持がどこまであるのかを、あなたは知らなければなりません。それを知らずにイノベーションへ向かえば、足下が危ういでしょう。

**イノベーションを起こすには、「新しい考え方」「新しい情報」「新しいもの」が必要です。そして、それらの要素が組み合わさり、重なり合い、融合することが必要**です。

このプロセスにおいて、「獲りに行く」と「配る」を使います。なぜなら改革チームの内側には、それらの要素がないことが多いからです。たいていは改革チームの外側にあ

## イノベーションを生む4つのリソース

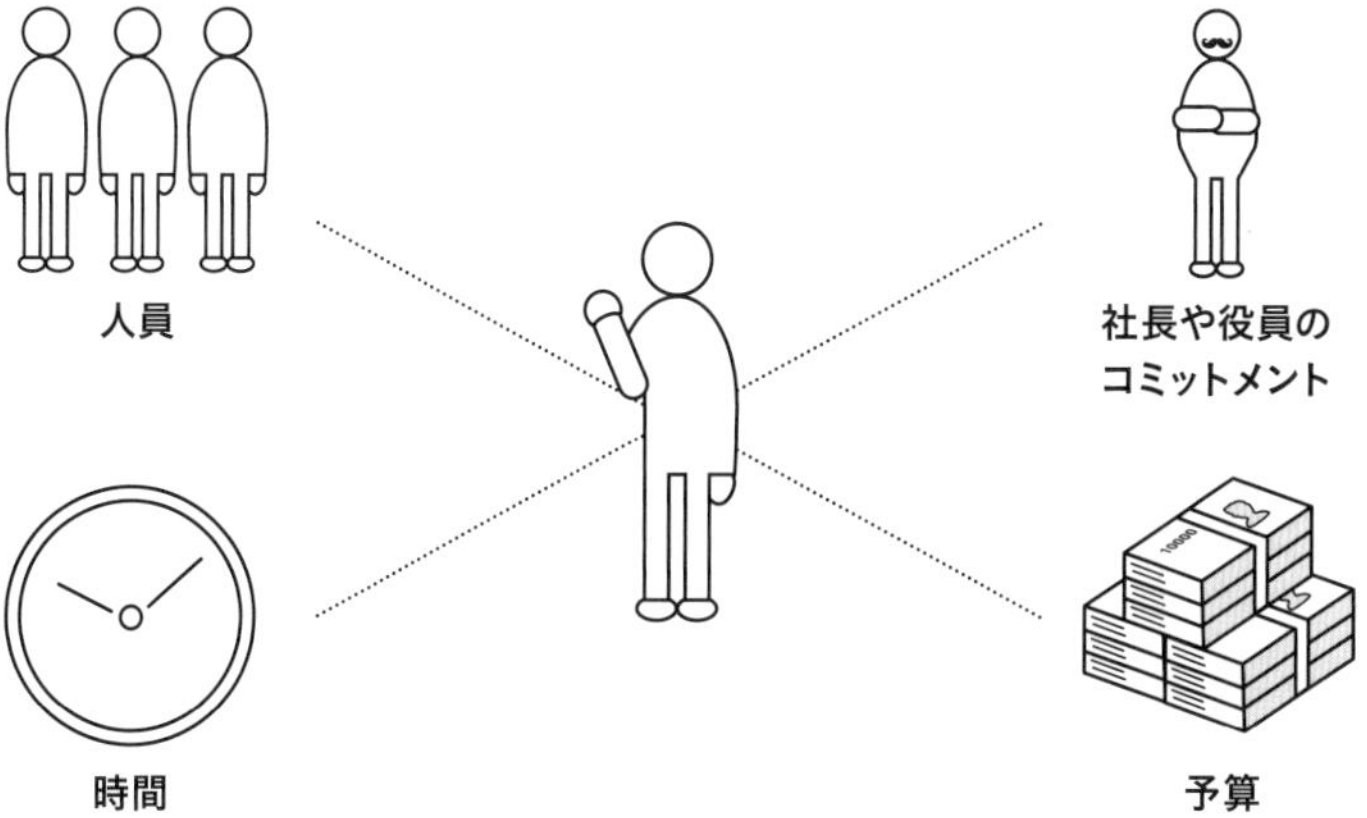


るので、外に向かって「獲りに行く」ことをしましょう。そして、獲って来たものを改革チームのメンバーに「配る」ことをしましょう。

新しいものが配られ、チームで共有され、融合すると、新しいものが生まれることがあります。また、内側にあっても気づかなかった新しいものにまで気づきます。

そして、このような新しいものが生まれてくる創造的な活動を「**創発**」と呼びます。「獲りに行く」と「配る」からなるマネジメントによって、「創発」の誘導ができるわけです。

以上のことが、「変革」と「イノベーション」のポイントです。

これで「配る」マネジメントの講義を終えますが、最後に1つ、私が心がけていることをみなさんにお伝えしたいと思います。それは、「**今やろうと思っていることが終了するまでは、別のことをやらない**」ことです。

人間のアタマは、何か新しいことをやろうと思い立ったとき、それ以前にやろうとしていたことが消えてしまうつくりになっています。

だから、最初に「やろう」と思い立ったら、それを実行し終えるまでは、次のことをやらない。「**覚えているうちにやる！**」。

これを、講義を聴いている学生だけじゃなく、この本を買っていただいた読者のみなさんにもぜひお伝えしておきたいと思います。マネジャーのみなさんは今、「配る」マネジメントを読み終えましたよね。

そうしたら、覚えているうちに実践してください！

**POINT**

**イノベーションは「新しい考え方」「新しい情報」「新しいもの」が必要であり、マネジャーはその新しい要素を「獲る」「配る」ことが重要**

# おわりに

まず最初に、私のマネジメントの特別講義を収録した本を読んでいただいた読者のみなさんと、実際に講義教室に集まってくれた慶應ビジネススクールの学生たちへ、深く感謝を申し上げます。

この特別講義は、録音して書籍化する目的で、私が特別に編成したものです。講義内容は、それに向けて私が一から準備したオリジナルの内容になります。

本の読者対象は、20代後半から30代半ばまでの若いマネジャーおよびマネジャー候補としました。そして、実際に講義教室に集まってくれた慶應ビジネススクールの学生たちは、対象読者の世代と重なる結果となりました。

私は実際に特別講義を行うに当たって、「学生たちがビジネスの現場で成果を上げていくために必要な、本当に使えるマネジメントの知識を与えたい」と願って、毎回講義の準備をしていました。

私の授業スタイルは、ごく普通の講義形式と、教える側と学生たちが一緒に討論をする双方向型のケースメソッド形式の2つです。私は後者のケースメソッド形式で授業を行うことが多いのですが、この特別講義は、前者の講義形式で進めました。

ただし、一方通行の講義をしても本当の意味で受講生の心には残りにくいと思っているので、この特別講義はできるだけ双方向型の授業となるよう、質疑応答の時間を多くとりました。この本の随所において、学生たちが仕事の現場で抱いたさまざまな質問を、私に投げかけているのを読まれたことでしょう。

7回分の特別講義を準備するときに、私が心に期したものがあります。連続で行う講義を一気通貫させる基底理論を盛り込み、なおかつそれは、自分の最新の研究成果を反映した基底理論にしよう、ということです。

私が基底理論としたのは、(私の呼称で)「生命型組織理論」です。組織にはもともと機械的部分(要素還元型)と有機的部分(生命型)がありますが、後者について私が理論化を図ったものです。

人は、主体性を持って組織で活動するとき、①ある場所にとどまって活動する、②場所から場所へ(組織内の資源を)移動させる活動をする、③(自らが)主体的判断を下す活動をする、の3つのいずれかを必ず行うことになります。階層の上下や部門部署を問わず、どんな人でも、①〜③のいずれかの活動を行っているのです。

この活動パターンを、私が「生命型組織理論」と名づけた理由は、①〜③の活動が、(人を含めた)生命の活動の特質をよく表しているからです。

そして、この本のテーマである「配る」マネジメントという言葉は、①～③の活動を一言で言い表そうとして、私がつくった造語です。

組織において人を率いる立場であるマネジャーが、部下や上司と一緒に仕事をするとき、①～③の行動をとらざるを得ません。あとは、「それをいかに上手にやるか」というのが、マネジャーの優秀さを決定付けることになるのです。そのための方法が、「配る」マネジメントの実践なのです。

この本のための講義と、その録音から本書をつくるために、次の方々からたくさんの協力を賜りました。講義の資料と教室の準備は慶應ビジネススクールM34期ゼミ生の6名の諸君（釜口祥子、下村友里、髙橋美寿、田口裕大、村田一太郎、廣田高敏）の大きな努力に負っています。彼らに謝意を表します。本書として形をなすために、かんき出版編集部の濱村眞哉さんの仕事と、講義を読みやすい文章にしてくれた大島七々三さんの仕事がなくてはならないものでした。心よりお礼を申し上げます。そして、最後に読者のみなさん、この本を手にとってくださり、本当にありがとうございました。

2013年7月

髙木晴夫

## 刊行から7年を経て

この本を書いて7年たち、多くの読者に読んでいただいたおかげで、装いを新たにして、改めて出版することになりました。

著者として、この機会に今一度、丁寧に読み直しました。そして加筆修正が必要な箇所は見当たらず、時代を越えてこのまま読んでいただく価値があると考えた次第です。

もちろん7年間で、企業の組織や人々の働き方に大きな変化が起きました。「働き方改革」や「ダイバーシティ」です。この変化が生じて、「配る」マネジメントの重要性がますます高まっていると思います。時代を超えてこのまま読んでいただく価値があるとしたのはこの理由です。

職場での働き方改革やダイバーシティの尊重によって、よく言えば、一人ひとりの特性を生かし残業せずに生活に合った仕事ができるようになります。

しかし悪く言えば、自分の仕事だけして他の人の仕事を見て見ぬ振りすることになります。働き方がタコツボ化しているのです。この問題は古くからあるのですが、ますます大きくなりました。

私がＭＢＡの教室で社会人大学院生と授業して聞こえてくる声は、「人と人が最低限でしかつながらないでいることに息苦しさを感じる」という言葉です。本当はもっとつながって仕事するべきと感じつつ、踏み出さない自分がそこにいて罪悪感を感じる。

このようなつぶやきを聞いて「だからこそ『配る』マネジメントを実行してください」と教室で説明します。そして、タコツボにいる自分が息苦しさを感じるのはなぜなのか、を次のように話します。

そもそも「配る」マネジメントの動機付けはどこから来るのでしょうか。おわりにで触れたように「配る」マネジメントには生命的な特質があります。

私がその研究の深掘りのために脳科学の本や論文を読んで新たに得た結論は、人が人と関わろうとする行動は、人間の進化の過程で脳に埋め込まれてきた機能によります。

つまり人は他の人とつながろうとする、つながりたいと欲求する。

もちろん共同の場合もあるし、反目の場合もある。でもつながりたい。この機能は「社会脳」とも呼ばれています。「配る」マネジメントの動機付けは人の脳の社会性の欲求からきます。だからそれをしないでいることに息苦しさを感じるのです。

働き方改革で仕事の個人別度が増していても、それをつなぐことが重要なのには変わりありません。

しかもタコツボにいる自分がそこから踏み出していくには、とくに「獲りに行く」ことが最優先になります。獲りに行くことで自分の視野が広がります。視野が広がると人とつながる仕事が見えてきます。見えてくるとその仕事の価値も面白さもわかる。そしてこれを配ると、循環が生まれてきます。

社会脳を働かせてこの循環のはじめの一歩を踏み出す勇気を、この本から手に入れてもらえると嬉しいです。

2020年1月
著者

〔参考文献〕

『やる気を育てる教室―内発的動機づけ理論の実践』R・ド・シャーム著、佐伯胖訳、金子書房
『内発的動機づけ』エドワード・L・デシ著、安藤延男・石田梅男訳、誠信書房
『社員稼業―仕事のコツ・人生の味』松下幸之助著、PHP研究所
『新版 経営行動―経営組織における意思決定過程の研究』ハーバート・A・サイモン著、桑田耕太郎・西脇暢子・高柳美香・高尾義明・二村敏子訳、ダイヤモンド社
『人生の四季』ダニエル・J・レビンソン著、南博訳、講談社
『危機対応のエフィカシー・マネジメント―「チーム効力感」がカギを握る』高田朝子著、慶應義塾大学出版会
『組織行動のマネジメント―入門から実践へ』スティーブン・P・ロビンス著、髙木晴夫訳、ダイヤモンド社
「新たな組織論―要素還元型と生命型の併存―」髙木晴夫・笠原一絵・八木陽一郎共著、慶應義塾経営管理学会リサーチペーパー・シリーズNo.101
「チーム効力感に関する研究ノート」高田朝子著、KBSケース教材
「協働活動のための創造的コミュニケーション」髙木晴夫著、慶應経営論集Vol.11No.2
「経営国際化のための海外派遣留学MBAの有効活用―ライフサイクル理論によるアプローチ」永井裕久著、慶應義塾大学産業研究所、組織行動研究Vol.15
"Fundamentals of Management," Stephen P. Robbins, David A. De Cenzo, Mary Coulter, Prentice Hall; 8th ed.

【著者紹介】

**髙木　晴夫**（たかぎ・はるお）

◉——慶應義塾大学名誉教授。現職は名古屋商科大学ビジネススクール教授。2018年まで法政大学ビジネススクール教授。2014年まで慶應義塾大学大学院経営管理研究科（ビジネススクール）教授。MBA（経営学修士）課程で「組織マネジメント」科目を長年にわたって教えてきた。専門は組織行動学。人が人の集団を動かすための研究を続けており、教育でもその成果を持ち込むことで、教員と学生による双方向型の活発な授業運営を行う。慶應ビジネススクールは米国ハーバード・ビジネス・スクールを範に設立され、ハーバード流の「ケースメソッド」という討論形式で授業が行われており、日本におけるケースメソッドの第一人者として知られている。

◉——1973年慶應義塾大学工学部管理工学科卒業、75年同大学大学院修士課程修了、78年博士課程単位取得退学。84年ハーバード大学ビジネススクール博士課程修了。同大学より経営学博士号（DBA）を授与される。78年慶應義塾大学大学院経営管理研究科助手、85年助教授、94年より2014年まで教授。14年より慶應義塾大学名誉教授となり、同時に法政大学ビジネススクール教授（18年3月まで）。18年4月より現職。

◉——主な著書に『トヨタはどうやってレクサスを創ったのか』『組織能力のハイブリッド戦略』、訳書に『【新版】組織行動のマネジメント』『ケース・メソッド教授法』（以上、ダイヤモンド社）、監修書に『ケースメソッド教授法入門』（慶應義塾大学出版会）など多数がある。

**プロフェッショナルマネジャーの仕事《しごと》はたった1つ**

2020年1月6日　　第1刷発行

著　者——髙木　晴夫

発行者——齊藤　龍男

発行所——株式会社かんき出版

東京都千代田区麹町4-1-4 西脇ビル　〒102-0083

電話　営業部：03(3262)8011㈹　編集部：03(3262)8012㈹

FAX　03(3234)4421　　　　振替　00100-2-62304

http://www.kanki-pub.co.jp/

印刷所——ベクトル印刷株式会社

 ISBN978-4-7612-7464-1 C0034

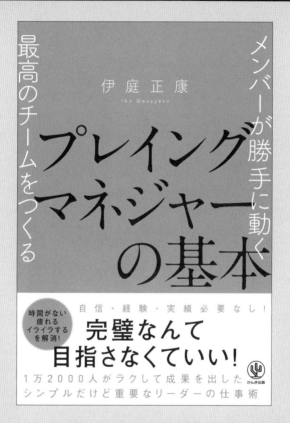

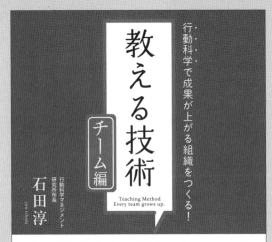